1241

**Das Buch**
Zwei Freunde, nahezu gleichaltrig, stellen nach Jahrzehnten etwas Seltsames fest. Obwohl sie sich über vieles Private ausgetauscht haben, über Leidenschaften, Ehen und Trennungen, Erfolge, Ängste und Todesfälle, sind einige Fragen zwischen ihnen immer unausgesprochen geblieben: An welche grundlegenden Werte glaubst du eigentlich? Für welche Ziele der Gesellschaft bist du bereit, dich einzusetzen? Kurz: Wofür stehst du?

Wir leben in Zeiten unübersehbaren Rückzugs ins Persönliche, einer nachgerade verbissenen, ja, verzweifelten Glückssuche im Privaten, der massenhaften Ablehnung gesellschaftlicher Verantwortung, in Zeiten von Missmut, Frust und Gemoser über den Staat. Die Beteiligung an Wahlen sinkt kontinuierlich, die Bereitschaft, sich als Bürger zu verstehen, wird immer geringer. Dafür wachsen Ansprüche auf der einen, Gleichgültigkeit auf der anderen Seite. Das ist angesichts großer Herausforderungen eine unakzeptable Situation, aus der viele Menschen für sich selbst ratlos und vergeblich einen Ausweg suchen.

Axel Hacke und Giovanni di Lorenzo untersuchen in diesem Buch, welche Werte sie für wichtig halten – und dies auf sehr ungewöhnlichen Wegen: nicht als abstrakten Tugendkatalog, sondern als eine Art Inventur bisheriger Lebensführung. Mal autobiografisch, mal essayistisch, mal im Stile von Reportern, bisweilen poetisch und assoziativ, dann wieder sehr nüchtern reflektierend, immer subjektiv und sehr selbstkritisch suchen die Autoren nach Antworten in den großen Themenfeldern Politik und Staat, Klimawandel, Gerechtigkeit, Migration und Fremdheit, Angst und Depression, Krankheit und Tod.

**Die Autoren**

*Axel Hacke,*
geboren 1956 in Braunschweig, lebt als Schriftsteller und Journalist in München. Er veröffentlichte eine Vielzahl erfolgreicher Bücher, u. a. »Der kleine Erziehungsberater«, und erhielt für seine Arbeit zahlreiche Preise.

*Giovanni di Lorenzo,*
1959 in Stockholm geboren, Chefredakteur der Wochenzeitung Die Zeit. 2009 veröffentlichte er bei Kiepenheuer & Witsch zusammen mit Helmut Schmidt »Auf eine Zigarette mit Helmut Schmidt«.

*Axel Hacke* und *Giovanni Di Lorenzo* haben zusammen ein ungewöhnliches Buch geschrieben. Sie stellen die große Frage nach den Werten, die für sie maßgeblich sind – oder sein sollten. Statt aber ein Handbuch der Alltagsmoral zu verfassen, haben sie vor allem in ihren eigenen Biografien nach Antworten gesucht.

Axel Hacke
Giovanni di Lorenzo

# Wofür stehst Du?

**Was in unserem Leben wichtig ist –
eine Suche**

Kiepenheuer & Witsch

Verlag Kiepenheuer & Witsch, FSC® N001512

1. Auflage 2012

© 2010, 2011, Verlag Kiepenheuer & Witsch, Köln
Alle Rechte vorbehalten. Kein Teil des Werkes darf in
irgendeiner Form (durch Fotografie, Mikrofilm oder ein
anderes Verfahren) ohne schriftliche Genehmigung des
Verlages reproduziert oder unter Verwendung elektronischer
Systeme verarbeitet, vervielfältigt oder verbreitet werden.
Umschlaggestaltung: Barbara Thoben, Köln, nach einer Idee von Rudolf Linn, Köln
Umschlagmotiv: © Jim Rakete
Gesetzt aus der Sabon und der Syntax
Satz: Buch-Werkstatt GmbH, Bad Aibling
Druck und Bindearbeiten: CPI – Clausen & Bosse, Leck
ISBN 978-3-462-04372-3

*Für unsere Kinder, in der Hoffnung,
dass sie uns glauben werden*

# Inhalt

Damit das klar ist – 11
Ein Vorwort

Meine Leidenschaft für Politik 17
*oder*
Wie es kommt, dass ich mich manchmal
wie ein kleines Arschloch fühle

Meine Heimat in der Fremde 78
*oder*
Warum ich etwas dagegen hatte, dass mich ein
Oberstudienrat aufhängen wollte

Mein Glaube an den Untergang 100
*oder*
Warum ich früher in die Kirche ging
und heute auf den Wertstoffhof

Meine Eroberung der Familie 136
*oder*
Wie ich in den Kreißsaal fand und wieder heraus

Mein größtes Dilemma: Gerechtigkeit 172
*oder*
Was ich verdiene, aber nicht bekomme

Meine Krankheit namens Angst                   196
*oder*
Warum Anna mir half, aber ich nicht ihr

Meine Sehnsucht nach Helden                    214
*oder*
Wofür stehst Du?

# Damit das klar ist –

Ein Vorwort

Wir kennen uns seit 25 Jahren. In dieser Zeit haben wir einiges geteilt und vieles besprochen: Trennungen, Erfolge, Ängste, Fluchten, Kinderwünsche, Leidenschaften, Todesfälle in der Familie. Einmal haben wir uns gemeinsam in einer Bürgerinitiative gegen Rechtsextremismus engagiert. Nur ein einziges Thema haben wir immer sorgsam ausgespart, vielleicht müsste man eher sagen: nie in Worte gefasst, denn es ist aus allen anderen Lebenserfahrungen kaum herauszuhalten. Wir haben nie darüber gesprochen, an welche Werte wir glauben und für welche Werte wir einstehen würden.

Das ist seltsam, nicht wahr? Aber woran liegt das?

Es trifft vielleicht zu, dass Bekennermut nicht die Stärke der heute Vierzig- oder Fünfzigjährigen ist, unserer Generation. Doch es gibt da noch ein Problem. Jeder klangvolle Begriff (und gehört das Wort »Werte« denn nicht zu den klangvollsten?) ist so oft benutzt und missbraucht worden, dass einem schon das Aussprechen gleichzeitig pathetisch und leer vorkommt. Auf unseren Klassenfeten wurden noch die Platten einer Berliner Anarcho-Band gespielt, die in eines ihrer Booklets den schönen Satz geschrieben hatte:

»Wie kann ich dir sagen, dass ich dich liebe?
Nachdem ich gehört hab: ›Autos lieben Shell‹?«

Aber diese Begründungen sind, wenn überhaupt, nur ein Teil der Wahrheit. Am schlimmsten an der Vorstellung, sich auf Werte festzulegen, sie gar zu propagieren, ist die drohende Aussicht, als Tugendbold Hohn und Spott ausgesetzt zu sein oder ein Leben lang daran gemessen zu werden, was man selbst einst eingefordert hatte. Es gibt nur sehr wenige, die dem standhalten könnten. Wir gehören mit Sicherheit nicht zu ihnen.

Seit einigen Jahren sind jüngere Menschen dabei, die Schlüsselstellen in unserem Staat zu besetzen. Bezeichnend ist, dass ihnen allen – von Philipp Rösler, dem Gesundheitsminister in der schwarz-gelben Regierung, über Sigmar Gabriel, dem vorerst letzten Hoffnungsträger der SPD, bis hin zu Reinhold Beckmann, dem Fernsehjournalisten der ARD – etwas attestiert wird, was sogleich als Schwäche erscheint: sie seien pragmatisch und dabei so flexibel, dass sie ihre Haltungen immer wieder justierten, je nachdem, was gerade opportun ist, also kollektiv unfähig, auf die Frage zu antworten: Wofür stehst Du eigentlich?

Die Frage provoziert Abwehr, und das ist verständlich: Sie ist voller Vorwurf, sie dient manchmal, wenn sie von Älteren gestellt wird, auch zur Überhöhung der eigenen Generation. Und sie ist leider auch nur von einigen Helden und Heldinnen oder von etwas tumben Menschen immer eindeutig zu beantworten. Die großen Themen unserer Zeit – Klimawandel, Überbevölkerung oder Gerechtigkeit – sind nicht nur gewaltig groß, sie sind auch unfassbar kompliziert. Die Vielschichtigkeit der Probleme und ihre monströsen Ausmaße machen offenbar ohnmächtig oder etwas feige oder beides zugleich.

Es gibt in Deutschland einen massenhaften Rückzug aus gesellschaftlicher Verantwortung, was allein schon daran sichtbar wird, wie wenig Auswahl es bei der Besetzung der meisten politischen Ämter gibt, von den Kommunen bis in die Parlamente. Und daran, wie viele Menschen selbst noch den kleinsten Schritt der Teilhabe am Ganzen scheuen: den Gang an die Wahlurne, alle paar Jahre. Ja, selbst Politiker in höchsten Ämtern scheinen bisweilen die Last der politischen Verantwortung abschütteln zu wollen, wie im Jahr 2010 die Fälle Koch, Köhler und von Beust zeigten.

Was hilft dagegen?

Jedenfalls kein Kanon neuer Werte – die altbekannten wie Gerechtigkeit, Mitmenschlichkeit oder Bewahrung der Schöpfung sind fordernd genug. Und bitte auch kein Handbuch der Alltagsmoral! Wer von diesem Buch einen Leitfaden, Anweisungen und Tipps für das eigene Leben erwartet, vielleicht sogar ein vollständiges Kompendium von Werten für alle Lebenslagen – der legt es am besten *jetzt* aus der Hand!

Von uns kommt erst einmal das Eingeständnis einer Schwäche, nämlich das Bekenntnis der eigenen Ambivalenz. Aus kaum einer Krise oder Konfrontation, sei sie beruflich, privat oder politisch, kommt man mit nur einer einzigen Erkenntnis heraus, oft aber mit vielen Widersprüchen. Aber das zu akzeptieren, ist am Ende keine Schwäche, sondern eine Stärke.

Beim Versuch zu beschreiben, was uns wichtig ist im Leben und was uns fehlt, haben wir uns an unsere eigene Erfahrungswelt gehalten. Es war unvermeidlich, dass wir dabei viel von uns preisgeben mussten, mehr als wir uns am Anfang vorgestellt hatten – und oft mehr als uns lieb war. Anders aber scheint uns ein Buch wie dieses nicht glaubwürdig zu sein. Es ist deshalb auch eine Inventur geworden: Was haben wir erlebt? Was regt uns noch auf? Wo haben wir uns davongestohlen? Wann belügen wir uns?

Überall in der Gesellschaft ist eine große Sehnsucht nach Klarheit, nach Führung und Eindeutigkeit zu spüren. Wir kennen das von uns selbst. Dieses Bedürfnis ist indes kaum zu erfüllen: Es führt in die Irre, wenn man nur dem Leben ständig mit Moral entgegentritt, es muss ja auch die Moral dem Leben standhalten.

Viele Menschen fühlen sich deswegen orientierungslos. Einige suchen Halt in Heilslehren, weitaus mehr (was in jedem Fall ungefährlicher ist) in Ratgebern. Andere flüchten sich in Zynismus. Und wir? Relativieren wir mit unserem Bekenntnis zur Ambivalenz Werte und entwerten sie damit?

Nein, denn wir wissen sehr wohl, dass man auch heute noch in vielen Situationen sehr klar zwischen Gut und Böse unterscheiden kann – und muss. Wir haben nur versucht, ehrlich zu bleiben: Es reicht nicht, die richtigen Maßstäbe im Leben zu finden. Man muss sie auch vermitteln können, sie mit sich und anderen immer wieder ausmachen.

Wir sind aber auch getrieben von dem Wunsch, der durch Erklärungsversuche aller Art vertuschten Gleichgültigkeit vieler Menschen gegenüber anderen, der Gesellschaft und dem Staat etwas entgegenzusetzen.

Die meisten von uns leben in einem Umfeld, das von ihnen fast nie tief greifende Wert-Entscheidungen verlangt. Wer von uns muss je sein Leben, seinen Wohlstand, die Sicherheit seiner Familie aufs Spiel setzen, indem er für etwas Gerechtes eintritt: einen Menschen vor der Verfolgung durch die Polizei einer Diktatur verstecken oder sich gegen Schläger stellen, die andere bedrohen, oder an einer Demonstration teilnehmen, deren Teilnehmer damit rechnen müssen, im Gefängnis zu landen? Wie viele von uns verzichten auf etwas Wichtiges, weil ihnen ein moralischer Aspekt noch wichtiger ist?

Aber gerade weil wir so wenig riskieren, darf man von uns etwas erwarten: dass wir uns jeden Tag erinnern, wofür wir stehen möchten, ein bewusstes Leben führen, uns der Momente entsinnen, an denen wir den eigenen Werten nicht gewachsen waren und von uns selbst verlangen, es beim nächsten Mal besser zu machen. Dieses Buch versucht das in Texten unterschiedlicher Art, Erinnerungen, Anmerkungen, kurzen Essays, vor allem aber in Geschichten, die wir abwechselnd erzählen. Sie sollen, so verschieden sie auch ausgefallen sind, ein Plädoyer sein gegen die Gleichgültigkeit.

Unsere Texte unterscheiden sich, wie man beim Lesen schnell erkennen wird, im Schrifttyp.

## Meine Leidenschaft für Politik
*oder*
Wie es kommt, dass ich mich manchmal
wie ein kleines Arschloch fühle

Ich kann mir gar nicht vorstellen, dass man an Politik nicht interessiert sein kann. Bei mir begann dieses Interesse, als ich ein kleiner Junge war. Lag das an besonderen Einflüsterungen meiner Familie? Oder an der Zeit, in die ich hineingeboren wurde?

Als ich klein war, protestierten fast überall in Europa die Studenten auf den Straßen, und in Vietnam führten die Amerikaner Krieg. Meine Eltern diskutierten bei jeder Gelegenheit über diese Themen, es waren aufregende Zeiten, zu aufregend für einen Neunjährigen, wie sie fanden. Sie erlaubten nicht, dass ich Zeitung las; ein Fernseher wurde gar nicht erst angeschafft.

Das machte das Weltgeschehen für mich natürlich noch interessanter, als es ohnehin schon war. Und ich fand einen Weg, fast jeden Tag Zeitung zu lesen, schon als Drittklässler.

Mein Vater kaufte, als wir in Rimini lebten, ein Blatt namens *Il resto del carlino*. (Der Name stammt aus einer anderen Zeit: Der *carlino* war einst eine Münze, die niemand mehr kennt, *il resto* war der Rest dieser Münze. Das Blatt kostete also ursprünglich offenbar nicht mehr als das Wechselgeld.) Das Mietshaus, in dem wir damals wohnten, war das letzte an einer längeren Straße, die direkt zum Strand führte. Der Blick von meinem Zimmer im vierten Stock war unverbaut, ich lag oft viele Stunden am Tag oben auf einem Etagenbett und schaute aufs Meer, ein Blick, der mich zugleich beruhigte und langweilte.

Zum Zeitungsladen waren es vielleicht zweihundert Meter stadteinwärts, und mein Trick, doch irgendwie zum Zeitunglesen zu kommen, bestand darin, dem Vater anzubieten, ihm morgens den *Resto del carlino* vom Kiosk zu holen, wie das in Italien üblich ist: Jeder kauft sich dort seine Zeitung am Kiosk, weil die Post oder jedes andere Zustellverfahren viel zu unzuverlässig wären.

Manchmal, wenn der Wind das zuließ und es nicht zu heiß war, setzte ich mich zur Lektüre gleich auf das Mäuerchen an der Strandpromenade. Meistens jedoch las ich im Wohnzimmer, während mein Vater im Bad mit der Rasur und schier endlosen morgendlichen Waschungen beschäftigt war. Trat er dann aus dem Bad, legte ich die Zeitung rasch sorgfältig wieder zusammen. Er sollte ja das Gefühl haben, ein noch ungelesenes Blatt zur Hand zu nehmen.

Meine große Sorge als kleiner Junge war, dass die Amerikaner in Vietnam verlieren könnten. Ich hielt zu den Amerikanern, wie man zu einer Fußballmannschaft hält, und zählte Tag für Tag aufgrund der Angaben im *Resto del carlino* die Opfer beider Seiten zusammen, was mir zunächst das Gefühl gab, dass Südvietnamesen und Amerikaner die Oberhand behielten. Ein trügerisches Gefühl, wie sich herausstellen sollte.

# 3

Der erste Politiker, den ich kennenlernte, war mein Großvater, der in einem Dorf in der Nähe von Braunschweig lebte. Er war Handelsvertreter von Beruf, später besaß er ein Möbelgeschäft. Weil er viel unterwegs sein musste, hatte er schon sehr früh ein Auto. Eines Tages hatte er mit diesem Auto einen Unfall, bei dem er sich das Knie schwer verletzte. Seitdem ging er am Stock.

Nach dem Krieg baute mein Großvater ein Haus, in dem ich während meiner ersten Lebensjahre zusammen mit meinen Eltern lebte. Viele Jahre lang war er dann Bürgermeister dieses Dorfes, als Sozialdemokrat, weshalb für mich, da auch mein Vater nie etwas anderes als SPD wählte, als Kind keine andere Partei als die SPD akzeptabel erschien.

Nachmittags spazierte mein Großvater mit einem Dackel namens Waldmann an der Leine durch den Ort. Er war eine Erscheinung von großer Autorität: immer in einem grauen Anzug mit Weste, Krawatte und goldener Uhrkette, das Haar straff zurückgekämmt und schlohweiß wie der Schnauzbart, würdevoll wie alle seine Brüder, meine Großonkels. Kaum je sah ich meinen Großonkel Willi, der Schlosser war und Mitglied der IG Metall, meinen Großonkel Otto, der den Krieg als Holzfäller in Finnland überlebt hatte, meinen Großonkel Walter, meinen Großonkel Kurt oder einen anderen aus der unübersehbar großen Großonkelmenge anders als in Anzügen mit Weste und Krawatte.

Wenn ich als kleiner Junge gemeinsam mit dem Sohn des Bäckers und dem des Feuerwehr-Kommandanten das Wasser im Dorfgraben aufstaute, um Schiffchen fahren zu lassen, zeigte der Großvater mit seinem Gehstock auf den Staudamm und sagte, das müssten wir nachher aber wieder wegmachen. Wir gehorchten. Nicht zu tun, was er angeordnet hatte, kam nicht infrage.

Jedenfalls nicht für uns Kinder.

Andere widersetzten sich ihm sehr wohl. Der Großvater besaß einen Kirschbaum, direkt vor seinem Haus. Und in jedem Winter träumte er davon, im Sommer Kirschen von diesem Baum zu essen, er schwärmte von den Früchten dieses Baumes, von frischen Kirschen, von Kirschkuchen mit Schlagsahne und eingelegten Kirschen im Glas.

Und in jedem Sommer, wenn sich die ersten Kirschen am Baum röteten, erschien am Himmel ein Schwarm von Staren, ließ sich auf den Ästen nieder und fraß, was der Baum hergab.

»Die verdammten Stare! Die Stare!«, schrie mein Großvater, rannte ins Haus, holte sein Gewehr und schoss in den Baum, während die Großmutter uns Kinder eilig beiseitezog und die Stare halb höhnisch, halb erschreckt kreischend aufflatterten, den Baum leer und den Großvater in ohnmächtigem Zorn zurücklassend.

Er war ein cholerischer, kraftvoller, energischer, autoritärer Mann, mein Großvater, aber er war mir auch fern, ganz anders als meine Großmutter, die mich behandelte, als sei ich ein spät geborener Ersatz für ihren ältesten Sohn, meinen Onkel, der gegen Ende des Krieges in einem Krankenhaus unserer Heimatstadt gestorben war. Irgendwie muss sie immer Angst gehabt haben, auch ich könnte verschwinden. Deshalb mästete sie mich regelrecht. Jedes Mal, wenn ich sie besuchte, machte die Großmutter mir sofort etwas zu essen, egal, was ich sagte, auch wenn ich gerade vom Essen kam – ich musste essen bei ihr, und ich tat es, ihr zuliebe.

Noch viel mehr als über die Kirschendiebe erregte sich mein Großvater indes über den Oppositionsführer im Gemeinderat, er hieß Schubmann und gehörte der CDU an. Oft hörte ich ihn, wenn er von einer Sitzung zurückkehrte, laut und wütend »dieser Schubmann!« rufen und meiner Großmutter Vorträge halten, welchen Unsinn »dieser Schubmann!« wieder einmal geredet habe.

Eines Tages fiel mein Großvater auf dem Heimweg vom Gemeinderat vor dem Haus tot um. Nicht auszuschließen, dass seine letzten Worte mit Schubmann zu tun hatten.

Vielleicht identifizierte ich mich damals mehr mit meinem italienischen Großvater als mit meinem Vater. Der Großvater war Wollfabrikant und ein Patriarch wie aus dem vorvorletzten Jahrhundert: Brillantine im rabenschwarzen Haar, schwarzer Nadelstreifenanzug, schwarz-weiße Schuhe, aufbrausend, aber mit einem Herz so groß wie der Eingang zum *Grand*

*Hôtel* von Rimini, das in der Nähe seiner kleinen Fabrik lag.

Schon zu Lebzeiten umrankten ihn Mythen, wie die Geschichte vom sagenhaft azurblauen Bugatti, den Großvater bis zum Ausbruch des Krieges fuhr. Es war ein besonders seltenes Modell, von dem es in Italien nur sechs bis zehn Stück gegeben haben soll. Als die von Verbündeten zu Kriegsgegnern gewordenen Deutschen in Richtung Rimini vorrückten, ließ mein Großvater das gute Stück im Haus eines Bauern einmauern. Doch die Deutschen entdeckten das Auto, vielleicht hatte auch jemand gepetzt. Mein Großvater jedenfalls sah den Bugatti nie wieder.

Für ihn gab es nichts Schöneres, als seine Familie und Freunde zum Essen einzuladen. Er ließ es sich selten nehmen, persönlich den Einkauf zu erledigen, und kaufte riesige Mengen an Obst, Fleisch oder Fisch. Die reichten damals, als noch kein Mensch irgendeine Diät kannte, gerade für ein größeres Abendessen. Wenn alles verspeist war, ging mein dicker Opa manchmal noch fröhlich in die Küche und kochte für alle *Spaghetti aglio, olio e peperoncino*.

Der Großvater hatte eine Sekretärin namens Natalia, die ihm eines Tages aufgewühlt von ihrem Freund erzählte. Ich belauschte das Gespräch vom Verkaufsraum seines Wollgeschäftes aus: Der Freund studierte in Rom und hatte offenbar Ärger bekommen mit dem Rektorat, der Polizei oder der Justiz – oder mit allen dreien. Jedenfalls brachte mein Opa sein Unverständnis gegenüber diesem Protestler zum Ausdruck, während Natalia versuchte, sein Verständnis zu wecken.

Der Protestler war »links«, womöglich Kommunist, mein Opa war Fabrikbesitzer und fühlte sich von ihm bedroht, die Gegner der Amerikaner in Vietnam waren ebenfalls Kommunisten. So verliefen die Fronten, so sah die Welt für mich als Kind aus.

Und für einen Moment geriet diese Welt für mich aus den Fugen. Selbst mein Großvater schien schon in Gefahr zu sein! Ich ging zu meiner Mutter und sagte traurig (die Lage in Vietnam hatte sich nun auch in meiner Wahrnehmung verändert): »Überall gewinnen die Linken.« Doch meine Mutter lachte nur und sagte: »Jeder intelligente Mensch ist doch heute links!«

Vielleicht wirkte Großvaters Gespräch mit seiner Sekretärin auf mich auch deshalb so bedrohlich, weil ich damals schon eine andere Großvatergeschichte kannte, die mein Vater gut zwanzig Jahre vorher erlebt hatte, auch er als Kind.

Es war das Jahr 1948. Das vom Faschismus befreite Italien wählte sein erstes Parlament, und es schien möglich, dass die Volksfront siegen könnte. Mein Vater war damals seinerseits Zeuge eines Gesprächs, nämlich zwischen einer Verkäuferin und einem Fabrikarbeiter meines Großvaters. Er wurde vor Angst ganz starr, denn der Arbeiter sagte: »Wenn wir morgen die Wahlen gewinnen, dann rechnen wir hier mit dem *padrone* ab.«

Aber es triumphierten die Christdemokraten. Als ihnen nach einer halben Ewigkeit schließlich die Macht entwunden wurde, war Großvater längst gestorben.

Doch ich werde nie den Satz vergessen, den er am Ende jenes Gespräches zu seiner Sekretärin Natalia sagte und der meine zersprungene Welt wieder ein wenig kittete, weil ich eine Ahnung davon bekam, dass es etwas gab, das über der Politik stand und wichtiger war als sie. Der Großvater sagte: »Hören Sie, wenn Sie etwas brauchen«, und es war klar, dass in dieses Angebot auch ihr linker, so bedrohlicher Freund in Rom eingeschlossen war, »dann lassen Sie es mich wissen.«

5 Wenn ich an meinen Vater denke, sehe ich oft sein rechtes Auge vor mir. Es war ein Auge aus Glas. Er hatte sein richtiges Auge im Krieg verloren, seltsamerweise rettete ihm das sein Leben, denn er kam nach dieser Verletzung zu spät aus dem Lazarett, um in den Kessel von Stalingrad noch hineinzugelangen; so starb er dort nicht.

Das Glasauge füllte die rote, offene Höhle, in der sich einmal sein richtiges Auge befunden hatte, es war kaum von einem echten Auge zu unterscheiden. Aber abends, wenn mein Vater schlafen ging, nahm er das Glasauge heraus und legte es im Badezimmer in eine Schale mit Borwasser. Und wenn ich nachts noch einmal ins Bad ging, traf mich der Blick dieses toten Auges, ich konnte ihm nicht entgehen, es war nicht einmal unheimlich.

Er war mir ganz selbstverständlich, dieser Blick aus der Borwasserschale, meine ganze Kindheit lang.

Auch konnte mein Vater das Lid über dem Glasauge nicht schließen. Oft, wenn es Sonntag war, schlief er nachmittags im Wohnzimmersessel ein. Er schloss dann das gesunde Auge, aber das Glasauge blieb offen, es starrte mich aus dem schlafenden Vatergesicht heraus an, wenn ich das Wohnzimmer betrat, und obwohl ich das so viele Jahre lang immer wieder sah, war es, als würde mich der Vater, selbst wenn er schlief, nicht aus dem Auge lassen. Und als träfe mich, mitten aus dem Gesicht meines Vaters heraus, ein Blick aus einer fremden, kalten, toten Welt.

Ich kannte meinen Vater als einen, der bisweilen über seine physischen Verletzungen klagte, der aber über sein Inneres nie redete.

Immer wieder, wenn seine Freunde zu Besuch kamen, wenn jene da waren, die ihn vor dem Krieg gekannt hatten, wenn sich die Wohnzimmertür für uns Kinder schloss und dann bis in die Nacht hinein überbordendes Gelächter nach außen drang, bekam ich eine Ahnung davon, dass mein Vater ein Mensch war, den ich nie wirklich kennen würde.

Ich wuchs damals in einer Straße auf, in der die meisten Männer in irgendeiner Weise kriegsverletzt waren. Allein drei Blinde lebten hier, einer wurde morgens von seinem Sohn zum Bus geführt und zur Arbeit gebracht. Ein anderer Mann hatte eine tiefe Beule im kahlen Schädel, ein weiterer besaß nur einen Arm, einem Dritten fehlte das Bein, meinem Vater eben ein Auge.

Aber diese physischen Verletzungen waren, so seltsam das klingen mag, nicht einmal das Schlimmste, jedenfalls nicht für uns, die Kinder. Furchtbarer war das ewige Schweigen vieler dieser Männer, das sich am absurdesten bei jenem Vater äußerte, der in seinem Haus ein Zimmer mit einer Funkstation einrichtete, von dem aus er mit Hobbyfunkern auf dem ganzen Globus in Verbindung trat – nur mit seiner eigenen Familie wechselte er an manchen Tagen kaum ein Wort. Stattdessen kaufte er bisweilen säckeweise Reis, weil er den nächsten Krieg und eine damit verbundene Hungersnot fürchtete.

Erst spät verstand ich, dass diese Männer nicht nur äußerlich krank, ja, innerlich oft nahezu tot waren nach sieben Jahren Krieg. Liest man nicht heute, dass Soldaten, die in Afghanistan waren, sich traumatisiert in die Behandlung geschulter Psychologen begeben müssen? Wer hätte je dringender einer solchen Behandlung bedurft als unsere Väter?

Ich provozierte, seit ich etwa fünfzehn geworden war, meinen Vater Tag für Tag. Ich trug die Haare lang, ich stand spät auf, ich wurde von einem Jahr aufs andere vom Klassenbesten zu einem Versetzungsgefährdeten – und ich tat das alles nicht, weil ich ihn hasste, sondern weil ich irgendeine Reaktion von ihm verlangte. Weil ich wollte, dass er mich sah.

Und weil ich nicht wollte, dass er schwieg.

8  Aber es gab ein Thema, bei dem mein Vater stets quicklebendig wurde: die Politik. Er interessierte sich sehr dafür, las jeden Tag gründlich die Zeitung, dazu wöchentlich ausführlich die *Zeit* und den *Spiegel*, und nachdem wir endlich nach vielen Jahren einen Fernseher gekauft hatten, saß er jeden Sonntagmorgen um zwölf vor

dem Apparat, um den Internationalen Frühschoppen zu sehen, eine Sendung, in der ein Moderator namens Werner Höfer mit fünf Gästen, Journalisten aus verschiedenen Ländern, Weltprobleme aller Art debattierte. Selten habe ich meinen Vater leidenschaftlicher begeistert gesehen als bei dieser Sendung, in der stets heftig gestritten wurde, sei es über das Palästina-Problem, sei es über die Ostverträge. Noch beim Mittagessen berichtete er uns mäßig interessierten Kindern und seiner diesen Fragen nur am Rande zugänglichen Frau, worum es in der Sendung gegangen war und wer welche Positionen in welcher Art vertreten hatte.

Warum war er so? Warum erreichte auch die Cholerik des Großvaters ihren Höhepunkt, wenn es um Politik ging? Warum war überhaupt in jenen Jahren mein Bild von der Politik bestimmt von laut streitenden, schreienden Männern, die Wehner hießen oder Strauß?

War ihre Leidenschaft in dieser Hinsicht der einerseits hilflose, andererseits notwendige Versuch, nach der deutschen Katastrophe etwas durch und durch Gutes aufzubauen? Und war mein Vater nicht genau das, was in unserem Staat heute oft zu fehlen scheint: ein mündiger, interessierter, informierter Bürger?

Oder war die Politik nur das Ausweichfeld, auf dem sich diese Männer überhaupt Gefühle gestatten konnten, eine Welt wirklich großer Emotionen, wie es sie (für die meisten Männer damals) ansonsten nur noch auf dem Fußballplatz gab? Wie oft habe ich erlebt, dass meine Mutter abends, wenn es schon dunkel war, weinend aus dem Haus lief, nachdem sie gerufen hatte, sie ertrage dieses Schweigen des Mannes, den sie liebte, nicht mehr, diese Berührungslosigkeit? Wie oft habe ich oben auf dem Treppenabsatz gesessen und auf ihre Rückkehr gewartet?

9 Ich hielt weiter zu den Fabrikbesitzern, bis ich während der Sommerferien einmal nach Deutschland fuhr, um meine Großmutter zu besuchen, auch meinen Onkel Stefan, der damals Mitte zwanzig war, Student an der Werkkunstschule in Hannover und ein sehr feinsinniger, in seiner Sensibilität auch gefährdeter Mann. Das muss Ende der 60er-Jahre gewesen sein, jedenfalls gab mein Onkel in Großmutters Wohnung eine Party, von der ich allerdings nur die Vorbereitungen mitbekam. Als es richtig losging, wurde ich ins Bett geschickt.

Durch die Schiebetür des Gästezimmers hörte ich Onkel Stefan und seine Künstlerfreunde feiern.

Welch eine Verheißung das war! Die Musik, die rote Glühbirne, die jemand eingeschraubt hatte, der Rauch, die Gespräche, die sich auch um Politik drehten – all das ließ in mir die schöne Illusion wachsen, dass alles, was im Leben aufregend ist, irgendwie links ist. Denn natürlich hielt ich Onkel Stefan für einen Linken, der damals hauptsächlich damit beschäftigt war, politische Happenings mit seinen Kommilitonen zu veranstalten.

Aber er war nicht links, nicht im Geringsten.

Er habe, erzählte er mir sehr viel später, ein so schlechtes Verhältnis zu seinem Vater gehabt, einem recht bekannten Sozialdemokraten, dass er von Politik nichts, aber auch wirklich nichts wissen wollte. Nur waren damals eben »links« und emotionale Rebellion kaum auseinanderzuhalten.

Onkel Stefan für sein Teil war jedenfalls ganz und gar unpolitisch.

Was mir von jenem Abend blieb, war die Ahnung, dass es noch eine andere Welt gab als die meiner Eltern und Großeltern, eine Welt, die viel aufregender und eben auch jünger war. Ich wünschte mir einen Freund wie Onkel Stefan. Und vielleicht spürte ich damals auch die Sehnsucht nach Zugehörigkeit zu einer Gruppe. Ich hatte unter Gleichaltrigen wenig Vertraute, was vor allem daran lag, dass meine Eltern die komische Angewohnheit hatten, alle paar Jahre das Land, die Stadt oder das Wohnviertel zu wechseln. Jahre später hätte ich das, was ich empfand, als ich hinter der Schiebetür stand und die Party meines Onkels belauschte, womöglich als eine geheimnisvolle Macht aus Rebellion, Liebe und Ausbruch beschreiben können. Aber so weit war ich noch lange nicht. Das Disko-Licht, das durch den Türspalt strömte, kam mir nur vor wie das Morgenrot.

Später, am Gymnasium, sahen wir uns nicht selten teils lächerlichen, teils dummen, teils unbelehrbaren Figuren gegenüber, einer Spezies von Paukern, die (vielleicht schon zermürbt von etlichen aufmüpfigen Schülerjahrgängen) in jedem Schüler mit längerem Haar, der im Unterricht provokante Fragen stellte, einen kleinen Staatsfeind sahen – obwohl mangelhafte

Haarpflege und Sticheleien doch meistens nur ein Schrei nach Aufmerksamkeit oder einfach Spaß an der Freude waren.

Jener Griechischlehrer, der in der Klasse »Lange Haare, kurzer Verstand« verkündete.

Der Oberstudienrat, der tönte: »Einen Panzer lassen sie mich nicht mehr fahren, aber eine Panzerfaust könnte ich immer noch halten.« Sein Sohn, der sanftmütig war und halblange Haare trug, war dann später mein Mathe-Nachhilfelehrer.

Der Oberstudiendirektor, der verlangte, dass man aufstand, wenn er den Klassenraum betrat, und der meiner Mutter einmal eröffnete, ich hätte alle Anlagen für eine kriminelle Karriere. Als Beweis dienten ihm einige Einträge ins Klassenbuch, die ich wegen kleinerer disziplinarischer Vergehen bekommen hatte.

**11** Bei uns gab es den Direktor, der im Krieg ein Auge verloren hatte, den Spitznamen »Geier« trug und eine Eiseskälte verströmte, dass ich schauderte, wenn ich ihn nur auf einem Gang irgendwo vorbeigehen sah.

Andererseits denke ich auch an den Deutschlehrer, mit dem wir über Böll und Grass diskutierten, oder den Studienrat in, wie es damals hieß, »Gemeinschaftskunde«, der sich geduldig in jeder Stunde meine scharfe Kritik an seinem Unterricht anhörte und dessen Wortgefechte mit mir dem ganzen Rest der Klasse zur Unterhaltung dienten.

Ich fand so meine Rolle unter den Mitschülern: als jener allseits respektierte, andererseits auch belächelte Politfreak, der schon mit 15 den *Spiegel* las und die *Zeit*, in den rororo-Bänden das Grundsatzprogramm der Jungsozialisten studierte und sich mit dem Buch *Sprache und soziale Herkunft* des Soziolinguisten Ulrich Oevermann herumschlug – während die anderen Jungs in der Klasse sich keinen Deut darum scherten und lieber ihren Spaß mit den Mädchen hatten.

Verführerisch war für uns natürlich die neue Generation von Lehrern, deren Vorboten die Referendare waren. Sie sahen aus wie wir, nur dass sie etwas älter waren, sie luden uns zu den »Feten« ein, die sie bei sich zu Hause veranstalteten, entpuppten sich aber doch ziemlich schnell als Enttäuschung. Denn von einem Lehrer, der einem so sehr ähnelt, kann man eben nicht besonders viel für sein eigenes Leben lernen. Sie hatten etwas anbiedernd Unerwachsenes. Es war furchtbar, den Gemeinschaftskunde-Referendar dabei zu beobachten, wie er sich in unserer Gegenwart eine Selbstgedrehte ansteckte, in der – auch für Nichtraucher schnell zu begreifen – Gras war. Noch verheerender war der Studienrat, der mit dem schönsten Mädchen meiner Jahrgangsstufe knutschte.

Erst recht irritierte diese Verschiebung der Lebensphasen, wenn man sie an den eigenen Eltern beobachten konnte. Mein Vater wäre in den Siebzigerjahren eigentlich ein Grund dafür gewesen, sich sofort mindestens der Schülerunion, besser noch einer schlagenden Verbindung oder einer Organisation katholischer Fundamentalisten anzuschließen. Seine Familie hatte ihn in ihrer wirtschaftlich besten Zeit in ein Schweizer Internat geschickt, als Teenager trug er maßgeschneiderte Hemden mit Initial, und zu Hause in Rimini leistete man sich zeitweilig eine Lehrerin, die mit ihm nur Französisch sprach. In den Siebzigern führte er plötzlich das Leben eines Bohemiens, in dem für Kinder kaum Platz war. Dafür stand in seinem römischen Dachgarten eine groß gewachsene und gut gepflegte Marihuana-Pflanze.

15  Aber als ich kürzlich mit einem Mitabiturienten über unsere Schulzeit sprach, sagte er, im Grunde gebe es nur wenige Schulstunden, die ihm bis heute im Gedächtnis geblieben seien, und das seien jene Stunden gewesen, die drei oder vier junge Referendare über den Spanischen Bürgerkrieg hielten. Sie taten das fächerübergreifend, behandelten das Thema also gleichzeitig in Musik, Kunst, Deutsch und Geschichte, behandelten hier die Lieder von Ernst Busch, da Picassos Guernica, dort Texte von Alfred Kantorowicz oder Ernest Hemingway, schließlich die Rolle der Legion Condor. Und wir waren begeistert von der Begeisterung dieser jungen Leute, die einmal alles anders machten, als wir es kannten. Und die das mit Freude taten, nicht mit der Routine alter Männer.

14  Den Tipp meines Lebens verdanke ich einem besonders alternativen Lehrer: Er unterrichtete Mathematik, trug einen blonden Zottelbart, fuhr VW-Bus und hatte das Ziel, auf einer griechischen Insel auszu-

steigen – was er später auch tat. Als wir kurz vor dem Abitur ein zweiwöchiges Berufspraktikum absolvieren mussten und ich mich wieder mal um nichts gekümmert hatte, kam er auf mich zu und sagte: »Es ist noch ein Platz bei der *Hannoverschen Neuen Presse* frei. Ich glaube, das ist genau das Richtige für dich.«

Ansonsten warteten auf uns in der Schule gut geschulte und organisierte ältere Jahrgänge, die Schülergruppen gegründet hatten. Es war das Strandgut von Achtundsechzig, das an Schulen und in Schülerräten schon Anfang der Siebzigerjahre angeschwemmt wurde: Es gab die SPD-nahen Falken, die Genossen der DKP-Jugendorganisation SDAJ, den Kommunistischen Bund Westdeutschland KBW, die Besucher eines unabhängigen Jugendzentrums in der Nordstadt, gespalten in Anarchisten (schwarze Halstücher) und Anarcho-Syndikalisten (schwarz-rote Halstücher) und viele andere. Sie waren aktiv im Kampf gegen die Fahrpreiserhöhungen der städtischen Verkehrsbetriebe, sogar gegen die Verteuerung der Eintrittsgebühren in den städtischen Schwimmbädern.

Ich machte einige Jahre lang begeistert mit, ja, ich lebte plötzlich in der Welt, die ich bei Onkel Stefan nur hinter dem Türspalt erahnt hatte: Rebellion, Liebe, Ausbruch. Ich mühte mich jedenfalls, Teil davon zu sein, denn meistens scheiterte ich an meiner Angst davor, aus Gefühlen und Überzeugungen Taten werden zu lassen. Mir wurde schon schlecht, wenn ich vor der Schülervollversammlung reden musste, nachdem ich zum Schulsprecher gewählt worden war. Einer meiner Lieblingssongs jener Zeit stammte von Lucio Battisti und hatte die schön wehleidige Zeile: »Aber den Mut zu leben, den habe ich noch nicht.« Deshalb war das Äußere umso wichtiger: Ich trug die Haare so lang und offen wie die Felsgrottenmadonna von Leonardo, dazu hatte ich mir einen schwarz-braun gefleckten Parka zugelegt, von dem ich mich nur im Hochsommer für wenige Tage trennen mochte, so als rechnete ich jeden Moment damit, mich im antikapitalistischen Kampf monatelang im Wald verstecken zu müssen. Der Armeebeutel, den ich mir über die Schulter hängte, war mit *Peace*-Zeichen und Slogans wie »Viva Allende!« verziert. Hinzu kam ein rotes Halstuch – das Mädchen in meinem Freundeskreis, das die reichsten Eltern hatte, hatte es für mich mit Hammer und Sichel verziert.

Waren das mehr als modische Accessoires, war das mehr als nur ein Aus- und Anprobieren von Haltungen, die wir später wieder ablegten? Schon die Fragen hätten mich damals sehr gekränkt. Uns war es ja furchtbar ernst. Nicht allein, weil hinter den disparaten Weltverbesserungsfantasien bei fast allen, die ich damals kannte, auch viel Idealismus stand. In meinem Fall war da auch die Verzweiflung, in einem Land zu leben, das mir fremd war, mit einer Familie, die kaputtgegangen war, unter Lehrern, von denen ich mich fast nie anerkannt fühlte. Was für eine beglückende Vorstellung, »das System« so verändern zu können, dass man darin endlich glücklich ist! Zugegeben, die umgekehrte Reihenfolge, erst mich zu retten und dann die Welt, wäre bestimmt ökonomischer gewesen. Aber das hätte mir damals erst einer erklären müssen, und dann hätte ich es vielleicht trotzdem nicht verstanden.

Übrigens hatte ich nie ein romantisches Verhältnis zur Politik wie viele meiner Generation. Politik war in meinem Fall nicht gleichbedeutend mit: Mädchen, Sex, Abenteuer, Aufstand, Musik. Es war einfach nur Politik, es ging um Gerechtigkeit und persönliche Freiheit, um Programme und Papier. Warum ereiferte ich mich damals überhaupt so? Folgte ich nicht, viel eher als dem Aufruf zur Rebellion, den schon verinnerlichten Stimmen meines Großvaters und meines Vaters: Engagiere dich! Sei leidenschaftlich in der Politik! Sei wie wir! War nicht Rebellion in meinem Fall auch ein seltsamer und sehr verquerer Versuch, den Vätern nahe zu sein?

Und was heißt überhaupt »Rebellion«? Ich war nie *besonders* links und *besonders* radikal, nur im Rahmen meiner Gegebenheiten. In meiner Schulklasse gab es fast nur sehr konservative Mitschüler, da reichte schon das Gedankengut eines Linksliberalen, um aufzufallen. Ich ging abends zu Versammlungen der Jungsozialisten und der Jungdemokraten, die der FDP nahestanden, die freilich noch eine andere FDP war als die heutige. Sie war, jedenfalls in der Mehrheit, sozialliberal und sehr modern, keineswegs auf Wirtschaftsthemen reduzierbar. Und ich versuchte, mir meine eigenen Gedanken zu machen, las die Parteiprogramme, ging in die Stadthalle, wenn Willy Brandt dort redete, und kam mit einem *Willy wählen!*-Button wieder heraus. Aber dann wurde ich doch Mitglied der Jungdemokraten, fuhr als Delegierter zur Landeskonferenz und legte als Schatzmeister die paar Hundert Mark Organisationsvermögen auf einem (damals ja noch quasi staatlichen) Postsparbuch an, damit nicht die Großbanken ihren Profit daraus schlugen.

Auf sehr diffuse Weise hatte ich ein Wirtschaftssystem vor Augen, wie es in Jugoslawien bestand (jedenfalls stellte ich mir Jugoslawien so vor): volkseigene Unternehmen, aber in Konkurrenz zueinander, das alles auf dem Boden des Grundgesetzes, in dem es doch hieß, wie ich wusste, dass Eigentum verpflichte und sein Gebrauch zugleich dem Wohl der Allgemeinheit zu dienen habe. Das war doch was, fand ich, und wenn ich zu Hause bei manchen knochenkonservativen Vätern meiner Klassenkameraden zu Gast war, versuchte ich mich eifrig (ein besseres Wort fällt mir heute nicht dazu ein, ich war wirklich »eifrig«), in den Debatten mit ihnen zu behaupten.

Im Keller fand ich jetzt, nach vierzig Jahren, ein Exemplar der Schülerzeitung, an der ich damals beteiligt war. Sie hieß *Purple*, warum? Weil der Mitschüler, mit dem ich sie machte, es so wollte. Mir war es egal, und vielleicht war ich auch zu feige, mit ihm darüber zu streiten, ich hatte einfach Angst, er würde mich nicht mehr mitmachen lassen.

Ich schrieb zum Beispiel einen gründlich recherchierten, sehr nüchternen und sachlichen Artikel über den Flächennutzungsplan der Stadt Braunschweig, stellte den Lesern die bei Suhrkamp erschienenen *Stilübungen* Raymond Queneaus über den Autobus der Linie S vor und erregte mich über die Gründung einer »Initiativgruppe zum Aufbau eines Kommunistischen Oberschülerbundes«, der, wie es im Gründungspamphlet hieß, »die Arbeit unter der Arbeiterklasse im Braunschweiger Raum aufgenommen« habe.

Ich schrieb, in geradezu rührendem Ernst: »Fragt man nach ihren Vorstellungen, wird einem Marx unter die Nase gehalten. Da steht ja alles. Das wird ohne eigenes Denken nachgebetet. So gesehen, stellen sich die Flugblätter dieser Leute als reine Selbstbefriedigung dar. Sie können und wollen nicht begreifen, dass sich diese Gesellschaft auch friedlich verändern lässt, dass Marx sich in manchen Dingen geirrt hat und dass sich seine Theorien nicht so ohne Weiteres auf die heutige Zeit übertragen lassen. Trotzdem sollte man solche Gruppen nicht einfach verbieten, man kann sich mit ihnen auch so auseinandersetzen.«

Das war 1972. Ich war 16. Morgens um halb acht standen wir vor Braunschweiger Gymnasien und verteilten unser Blatt.

Auf der einen Seite fand ich die Älteren in der Schule faszinierend: je radikaler, umso besser.
Sie strahlten jene Entschlossenheit, Klarheit, Eindeutigkeit aus, nach der ich mich mit fünfzehn, sechzehn Jahren sehnte. Sie wussten, wie man eine Schülerzeitung macht und die Schülermitverwaltung aufrollt, was es mit der Kritik der Politischen Ökonomie von Karl Marx auf sich hat und warum Kapitalismus und Angst notwendig zusammengehören, wie es in einem vulgärmarxistischen Psycho-Werk dieser Zeit hieß.

Auf der anderen Seite fühlte ich mich nie ganz angenommen, wie überhaupt mein stärkstes Gefühl jener Jahre war: nicht dazuzugehören. Ich schrieb mir das immer selbst zu, es löste ein dauerhaftes Schuldgefühl aus. War ich zu bürgerlich, um von den Genossen akzeptiert zu werden?

Als ich aus einem langen Osterurlaub in Italien zurückkam, in dem ich mir die Haare hatte kürzer schneiden lassen und eine Röhrenjeans von *Fiorucci* angeschafft hatte, wurde ich von meinen Genossen umzingelt und beschimpft: »Geh doch in die CDU!« Und dann hatten sie noch eine schreckliche Schmähung parat: »Bürger! Bürger!«

Zu allem Unglück verliebte ich mich kurz darauf auch noch in ein sehr blondes Mädchen aus dem Parallelkurs, das abends in einer Diskothek jobbte. Da war es um meine Glaubwürdigkeit endgültig geschehen.

Was aus diesen Genossen geworden ist, weiß ich nicht. Nur einen von ihnen habe ich zehn Jahre später wieder getroffen, als ich für die *Süddeutsche Zeitung* eine Geschichte über Autonome recherchierte, zu denen er sich zählte. Kurz darauf starb er. Es hieß, er habe seit Jahren ein Alkoholproblem gehabt. Ich erinnere mich, dass er der Sensibelste und Intelligenteste von allen war.

Aber was doch am meisten irritierend war: dass ich mich in bizarrer Rollenumkehrung wiederum jener Verbotskultur der deutschen Lehrer und Hausmeister gegenübersah, gegen die wir eigentlich angetreten waren. Wir hassten doch die Pauker, die uns wegen unserer langen Haare immer wieder daran erinnerten, dass es Friseure gab! Wir verachteten die Hauswarte, die uns wegschickten, wenn wir irgendwo auf dem Rasen lagen und Lambrusco aus großen Flaschen tranken. Und nun waren es linke Schüler, die einen hänselten, wenn man zu moderne Klamotten oder zu schicke Frisuren trug. Es waren linke Kritiker, die einem vieles schlechtredeten, was Spaß machte. Und es waren – viel später – oft die profiliert Linken in den Redaktionen, die es am liebsten verhindert hätten, dass man bestimmte Probleme thematisierte, etwa die Kriminalität von Ausländern oder den Missbrauch sozialer Leistungen. Wenn man diese Themen dennoch aufgriff, wurde man gleich in die rechte Ecke gestellt, zumindest aber beschuldigt, das Geschäft der Gegenseite zu betreiben.

Ich kenne auch eine Redaktion in Hamburg, in der es bis vor einigen Jahren unter Frauen noch verpönt war, Schmuck, Schuhe mit hohen Absätzen oder Ausschnitte zur Schau zu stellen.

So kam es, dass mir die Überbleibsel der 68er-Linken in Deutschland oft wie eine spießige Verhinderungsmacht vorkamen.

Wenn es ernst wurde, war ich übrigens gleich wieder weg. Es gab mal eine heftige Demonstration gegen eine Eintrittspreiserhöhung in den Braunschweiger Stadtbädern, deren stärkstes Argument war, die ohnehin schon schwer belasteten Arbeitermassen, auch Schüler und Studenten, könnten sich in Zukunft den Besuch der städtischen Schwimmbäder nicht mehr leisten, Baden werde eine exklusive Sache der Kapitalisten.

Ich verließ die Demonstration, als die Polizei kurioserweise ausgerechnet mit Wasserwerfern gegen die Badepreiskämpfer vorging – und ich sah, während ich ging, in vorderster Linie einen älteren Freund kämpfen, Sohn eines wohlhabenden Kaufmanns, der in seinem Leben nur selten ein öffentliches Schwimmbad betreten haben dürfte. Nun wurde er vom Polizeiwasser geduscht.

Warum war ich gekommen?

Ich wollte, mit 16, dort sein, wo etwas los war. Aber hier war mir auf einmal zu viel los. Ich hatte keine Lust auf Ärger mit der Polizei, ich wollte nicht nass werden, ich wollte mir nicht wehtun lassen und niemanden verletzen, ich hatte Angst. Das alles war mir unheimlich.

Eine Weile sah ich mir das Ganze unschlüssig aus der Entfernung an. Dann ging ich heim.

**19** Am besten gefällt mir, von heute aus gesehen, jener ältere Mitschüler, der die fantasievolle, ja, subversivspaßige Seite des Aufbegehrens repräsentierte. Er hatte beinahe so lange Haare wie ich (meine reichten bis zur Hüfte), schnitt diese aber eines Tages komplett ab, ließ sich eine Glatze scheren und stand dann so auf dem Kohlmarkt, mit einem um den Hals hängenden Schild: »Einmal drüberstreichen 50 Pfennig«.

**20** Das also waren die Zeiten, von denen es heute heißt, sie hätten Menschen hervorgebracht, die viel politischer seien als nachfolgende Generationen. Das stimmt.

Aber wie viel Absonderliches, wie viel Dummes eben auch! Die linken Schülergruppen machten auch an unserer Schule gegen die Rivalen von der Schüler-Union mit dem feinsinnigen Slogan Front: »SU, SA, SS!« Eine Freundin meines Bruders bestand darauf, auch bei uns zu Hause grundsätzlich die Tür offen zu lassen, wenn sie die Toilette benutzte; sie könne auf mögliche Verklemmungen meiner armen Mutter leider keine Rücksicht nehmen.

Die im Nachhinein stärkste und düsterste Erfahrung dieser Jahre ist, wie abgrundtief sich selbst besonders kluge Köpfe einer Generation verirren können in Sektierertum, Verehrung von Massenmördern und eine emotionale Härte, die sie gelegentlich ihren schlimmsten Gegnern ebenbürtig machen. Wer unserer Generation heute eine pragmatische Herangehensweise an Probleme, auch eine ins Beliebige abdriftende Bereitschaft zur Differenzierung vorhält, der verkennt eben diesen Eindruck, wie sehr und wie schnell man zum Opfer politischer Moden werden kann.

In einer Welt, in der wir uns von Feinden umzingelt fühlten, gab es ein Land, in dem all unsere Träume wahr zu werden schienen – Italien. In den Siebzigerjahren war die Kommunistische Partei zeitweilig zweitstärkste Partei geworden, und links von ihr gab es radikale Gruppen, von denen jede einzelne stärker wirkte als die gesamte linksextreme Szene in Deutschland. Es gab ganze Regionen, in denen die Linke regierte. Dort, so kam es uns vor, war endlich die gute

Hälfte der Menschheit zum Zuge gekommen; es gab augenscheinlich mustergültige Verwaltungen, von Arbeitern und Bauern gegründete Kooperativen und Kulturinitiativen aller Art. Und dann gab es diese ausgelassenen, mehr folkloristisch als politisch wirkenden Volksfeste der KPI-Parteizeitung *L'Unità*: Da stemmten robuste Hausfrauen noch große Töpfe voller Tomatensauce für die hausgemachten Bandnudeln, und Maurer aus der römischen Vorstadt Centocelle grillten Salsicce auf riesigen Rosten.

Es gab aber auch eine andere Seite, die schwer zu übersehen war – eine Orgie politisch begründeter Gewalt. Es dauerte ziemlich lange, bis ich das nicht mehr als bedauerliche Randerscheinung einordnete. Einige meiner italienischen Bekannten kommentierten sogar terroristische Anschläge noch als Taten, die von »irrenden Genossen« begangen worden seien. Es gab damals Plätze und Straßen, in denen sich ein Rechter besser nicht blicken ließ, und umgekehrt. Faschisten und Kommunisten ließen sich leicht anhand modischer Merkmale unterscheiden: Linke hatten natürlich lange Haare, Rechte trugen gern verspiegelte Sonnenbrillen und spitze Schuhe. Aus der Ferne betrachtet fand ich das eine Zeit lang aufregend – die Fortsetzung früherer Kinder-Bandenkriege mit theoretischem Überbau.

Bis mich das Donnergrollen sogar im Urlaub auf Elba erreichte. An einem Sommertag wurde ich in der Strandbar von zwei kurzhaarigen Jungen fixiert, die ein paar Jahre älter waren als ich. Sie trugen verspiegelte Sonnenbrillen. Einer winkte mich zu sich. Ich ahnte noch nichts Böses, ging herüber und fragte ihn, was er wolle. Er antwortete in gönnerhaftem Ton: »Ich glaube nicht, dass du ein Linker bist, dazu hängst du viel zu sehr an deinem Leben.« Er sagte das zwei- oder dreimal, bis ich verstanden hatte, was es sein sollte: eine sehr ernst gemeinte Drohung – und eine Reviermarkierung. Ich habe die Bar am Strand von Marina di Campo nie wieder betreten.


Mit 17 hatte ich eine Freundin in Rom. Sie war ein ganzes Stück älter als ich und in früheren Jahren ziemlich militant gewesen. Stolz erzählte sie, wie sie bei Demonstrationen als Ordnerin für die kommunistische Gruppe *Il Manifesto* im Einsatz gewesen war. Zwei Dinge hatte sie damals immer dabei: ein rotes Halstuch, das sie sich ins Gesicht zog, sobald Polizisten oder Fotografen in der Nähe waren, und etwas Zitronensaft. Der half angeblich gegen Tränengas.

Ich stellte mir das Bild vor: wie man dann nur noch ihre leuchtenden Augen unter einer wilden Lockenpracht sah. Für mich wirkte sie dann noch anziehender, als sie es ohnehin war.

Wenn ich besser hingeschaut hätte, hätte ich vielleicht gemerkt, dass Barbara weniger aus Überzeugung mitgemacht hatte, sondern weil es irgendwie dazugehörte. Inzwischen studierte sie und arbeitete als Restauratorin in Rom; andere Interessen, andere Leidenschaften beschäftigten sie mehr. Wenn mir das auffiel, wirkte es für mich wie Verrat an den Idealen, die ich mit ihr zu teilen glaubte. Aber in einem Punkt wirkte sie sehr glaubhaft – wenn sie von der Angst sprach, die sie bei den letzten Demonstrationen gespürt hatte, als es zu besonders heftigen Auseinandersetzungen mit der Polizei gekommen war. Sie sagte: »Ich dachte, ich muss sterben.«

Ich glaube, es war im März 1977, als ich auf einer Demo in Rom direkt hinter einem Block von Vermummten marschierte, aus dem einzelne Demonstranten Revolver in die Höhe streckten. Nach einiger Zeit fielen in der Nähe des Tibers Schüsse, ich weiß nicht mehr, wer sie abgab, ob ein faschistischer Provokateur, ein Polizist in Zivil oder einer aus der nach einer Knarre benannten Fanatikergruppe *P 38*, die vor mir im Demonstrationszug gewesen war. Ich erinnere mich aber noch genau, welche Panik mich im allgemeinen Durcheinander befiel.

Das war die letzte Demonstration, an der ich mich beteiligte, und von diesem Tag an nahmen auch die Kontakte zu den Genossen, die ich kannte, rapide ab. Nun nahm ich zunehmend Erschrecken und auch Entsetzen bei mir wahr.

23 Im Jahr 1978 organisierte ein besonders engagierter Lehrer unserer Schule eine Reise nach Sizilien. Dort hatte ein Mann namens Danilo Dolci weltweit Aufsehen erregt, weil er gewaltlos für die Landarbeiter und gegen die Mafia eingetreten war. Man nannte ihn den Gandhi des Südens. Dolci war bereits gestorben, aber sein Sohn und einige seiner Jünger hatten eine Art Friedenscamp gegründet, das wir nun auf-

suchten. Die Reise von Hannover nach Sizilien dauerte zwei Tage. Es gab in diesen Zeiten nur ein Thema, und das war die Entführung des christdemokratischen Politikers Aldo Moro durch die Roten Brigaden. Die Terroristen hatten dabei fünf seiner Begleiter kaltblütig erschossen, mitten in Rom. Man nahm das alles im Camp eher staunend zur Kenntnis; vereinzelt kursierten Witze über Aldo Moro und seine Kidnapper.

Fast jede Erinnerung an Dolci ist inzwischen verblasst, doch die Bilder einer gemeinsamen Busfahrt mit einer Gruppe junger Dänen, die zeitgleich mit uns das Friedenscamp bevölkerten, habe ich noch deutlich vor mir. Wir diskutierten über den Terrorakt und die Ermordung der Leibwächter, als einer der Dänen rief: »Was soll das Geheule über fünf Schergen? Lasst uns damit in Ruhe!«

Und dann erzählte der ältere Bruder meines Vaters, Giorgio, bei einem Familientreffen in Rimini eine grauenerregende Geschichte. Er arbeitete zu jener Zeit erfolgreich als Manager bei dem Büromaschinen- und Computerhersteller Olivetti, was ihn keinesfalls davon abhielt, die Kommunisten zu wählen. Onkel Giorgio hatte sich mit einem Unternehmensberater namens Mario Miraglia angefreundet, der politisch viel weiter links stand als er selbst. Die kommunistische Gewerkschaft CGIL hatte ihn Ende der 70er-Jahre gebeten, ihren Mitgliedern Grundkenntnisse der Betriebswirtschaft beizubringen, um sie zum Beispiel für Verhandlungen mit Arbeitgebern zu schulen. Dieses Engagement wurde ihm zum Verhängnis.

Eines Sonntags, Miraglia war gerade im Bad und

rasierte sich, klingelte es an seiner Wohnungstür. Sein ältester Sohn öffnete. Draußen stand ein junges Pärchen, das die Kirchenzeitung *Famiglia cristiana* in den Händen hielt. Der Junge schaffte es gerade noch zu sagen, dass er daran nicht interessiert sei, da spürte er schon den Lauf einer Pistole an seinem Bauch. Mit erhobenen Händen wankte er zurück in die Wohnung. Inzwischen hatte der Vater den Überfall bemerkt und auch begriffen, mit wem er es tatsächlich zu tun hatte: Die Eindringlinge warfen ihm vor, »ein Kollaborateur des Kapitals gegen die Gewerkschaft« zu sein. In seiner Angst bemühte sich Miraglia zu argumentieren. Er zeigte auf die kommunistischen Zeitungen *Il manifesto* und *L'Unità* auf seinem Schreibtisch, er verwies auf sein großes soziales Engagement. Es half nichts: Die beiden fesselten erst den Sohn und die ebenfalls herbeigeeilte Ehefrau im Flur, dann Miraglia, den sie dazu noch knebelten und auf ein Bett zwangen. Als er da lag, schossen sie ihm mitten ins Bein. Ein Verbrechen, wie von faschistischen Sadisten begangen. Aber es waren Mitglieder einer linken Terrorgruppe, die sich *Prima Linea* nannte.

**24** Einen der Radikalsten meines Gymnasiums sah ich bei der Bundeswehr wieder. Er wollte sie unterwandern, den Dienst an der Waffe lernen, um bei der kommenden Revolution damit umgehen zu können.

Für mich war der Gang zur Bundeswehr die wichtigste und für mein eigenes Leben vielleicht sogar folgenreichste Wert-Entscheidung, die ich je zu treffen hatte.

Damals musste jeder, der den Wehrdienst verweigern wollte, seine Gründe vor obskuren staatlichen Kommissionen darlegen und begründen. Wer sich dort als Pazifist bekannte, sah sich in der Regel der Frage gegenüber, was er denn tun wolle, wenn er mit seiner Freundin im Wald spazieren gehe und jemand wolle das Mädchen mit vorgehaltener Waffe vergewaltigen – ob er dann auch noch gewaltlos bleibe?

Pazifismus kam für mich aber ohnehin nicht infrage. Wir lebten nicht weit von der Zonengrenze entfernt, und zu meinen eindringlichsten Kindheitserinnerungen gehören die sonntäglichen Spaziergänge an dieser Grenze, irgendwo in der Nähe von Hornburg, Jerxheim, Schöningen oder Helmstadt, bei denen ich immer darüber nachgrübelte, wie das um Himmels willen wohl sein müsste: da drüben zu leben und nicht hierher zu können, überhaupt nicht einfach irgendwohin reisen zu können – sondern eingesperrt zu sein.

Ich war von der Wichtigkeit der Bundeswehr überzeugt. Ich verpflichtete mich sogar freiwillig für eine Dienstzeit von fast zwei Jahren, weil ich dachte, dass man für seine Überzeugungen Opfer bringen müsste und dass man, wenn man schon ein solches Opfer brachte, doch auch ein wenig mehr Geld dafür bekommen sollte, als ein einfacher Wehrpflichtiger erhielt.

Dann war ich tief erschüttert, als ich zum ersten Mal eine Maschinenpistole in der Hand hielt. Wochenlang beschäftigte mich die Frage, ob ich damit wirklich würde auf Menschen schießen können. Ich beschloss, dass ich es können würde, wenn es sein müsste.

Die Jahre als Soldat wurden die schlimmsten meines

Lebens. Ich hasste alles. Das frühe Aufstehen, die idiotische Strammsteherei, den Spieß, der freitags die Länge der Haare prüfte und einem, wenn man nicht rechtzeitig beim Friseur gewesen war, das freie Wochenende strich, und vor allem den Suff, den abendlichen Ordonnanzdienst im Kasino, wenn volltrunkene Feldwebel in den Mülleimer unter der Getränketheke pissten und sich beim Absingen dämlicher Panzersoldatenlieder in den Armen lagen.

Ich stand einmal nach einem solchen Abend – da war ich 19 – sehr spät immer noch fassungslos zu Hause in der Küche. Mein Vater sagte hilflos, im Krieg passierten viel schlimmere Dinge. Meine Mutter weinte.

Ich dachte sehr ernsthaft, ich müsste dazu beitragen, mein Land und sein Grundgesetz zu verteidigen. Aber das hier hasste ich jeden einzelnen Tag.

**25** 1984 saß ich in einem Pariser Hotelzimmer und wartete auf einen Anruf, der für halb vier am Nachmittag angekündigt war.

Eine junge Frau meldete sich, pünktlich auf die Minute. Eine Viertelstunde später holte sie mich und einen Reporterkollegen ab. Wir nahmen ein Taxi, das uns kreuz und quer durch die Stadt kutschierte, mussten dann in die Untergrundbahn umsteigen, fuhren ein paar Stationen – und waren wieder in der Nähe unseres Hotels. Von dort ging es zu Fuß weiter, wir hetzten durch das Verkehrsgewühl und steuerten auf einen Mittelklassewagen zu, der an einer Ecke mit laufendem Motor wartete. Am Steuer saß ein schweigsamer

Mann, der uns nach längerer Fahrt in der Tiefgarage eines Hochhauses absetzte. Der Aufzug brachte uns in eines der oberen Stockwerke, wir betraten einen engen Flur mit vier Türen. Unsere Begleiterin schloss eine davon auf.

Vor uns stand Toni Negri.

»Entschuldigen Sie das Versteckspiel«, sagte er lachend. »Aber es muss leider sein.«

Ich war unsicher, ob er das Ganze nicht nur zu Showzwecken veranstaltete. Vielleicht hatte er das Gefühl, etwas bieten zu müssen für die 5000 Mark, die er vom *Stern* (in dessen Auftrag wir unterwegs waren) als Informationshonorar verlangt hatte. Ein Vierteljahr zuvor jedenfalls hatte ich ihn schon einmal interviewen können – ganz ohne Versteckspiel. Damals kam ich allerdings allein und hatte auch nur 2000 Mark dabei.

Toni Negri, ein Politikprofessor aus Padua, hatte in den Siebzigerjahren die Zeitung *Classe Operaia* gegründet und galt als oberster Agitator einer linksextremistischen Gruppe namens *Autonomia Operaia*, die auch eine gewisse Anziehungskraft auf Genossen in Frankreich und Deutschland hatte, besonders in Frankfurt. Bis heute finden seine Theorien in linken Kreisen Beachtung: Die Empire-Trilogie, die er gemeinsam mit dem amerikanischen Literaturprofessor Michael Hardt verfasst hat, ist zur Bibel der Globalisierungsgegner geworden, und auch Oskar Lafontaine hat sich jüngst als Leser Negris bekannt. Negri war in meinen Augen damals kein Unschuldsengel, zugleich aber Opfer einer der abstrusesten Affären der italienischen Justizgeschichte: Er war unter anderem beschuldigt worden, Gründer und Chef der *Brigate Rosse* zu sein und die Ermordung des Christdemokraten Aldo Moro geplant zu haben. Diese Anklagen brachen nacheinander in sich zusammen. Aber Negri saß vier Jahre lang in Untersuchungshaft.

In Italien bildete sich eine breite Solidaritätsbewegung, unermüdlich am Leben gehalten von seiner damaligen Ehefrau. Die *Partito Radicale* setzte ihn 1983 auf ihre Kandidatenliste für die Parlamentswahlen, Negri wurde gewählt – und war deshalb vorübergehend wieder ein freier Mann, geschützt durch die Immunität des Parlamentariers. Die Mehrheit des italienischen Parlaments beschloss schließlich deren Aufhebung. Kurz bevor er erneut verhaftet werden konnte, floh Negri nach Frankreich. Zurück blieben Dutzende tief enttäuschter Gefährten: einmal die Mitglieder der *Partito Radicale*, vor allem aber jene Intellektuellen, die ebenfalls angeklagt waren und sich mehrmals pro Woche in einem zum Bunker umfunktionierten Gerichtssaal am Foro Italico in Rom verantworten mussten, inzwischen nahezu vergessen von der italienischen Öffentlichkeit.

Ich hatte den Prozess monatelang an jedem Verhandlungstag verfolgt.

Kaum hatten wir mit dem Interview begonnen, stellte Negri mir seine italienische Geliebte in Frankreich vor, die Tochter eines Fabrikanten. Ich sprach ihn auf seine Frau an. Er sagte, dass er ihren »hysterischen Einsatz« für ihn bewundere.

Nun konfrontierte ich Negri mit der Wut seiner Genossen. Er reagierte auf die Vorhalte mal schreiend, mal mit nervös-meckerndem Lachen. Immerhin sagte er den Satz: »Wir alle haben damals gewisse Diskussionen geführt und auch Fehler gemacht.« Ansonsten war von ihm kein Wort der Selbstkritik zu hören. Stattdessen betonte er, wie gut es ihm jetzt in Paris gehe. Und begründete seine Flucht mit dialektischer Spitzfindigkeit: »Ich bin nicht geflohen, ich habe die Freiheit gewählt, was etwas völlig anderes ist als die Flucht.«

Ich sprach ihn auf einen als Mörder verurteilten Terroristen an, der vor Gericht beschrieben hatte, wie Negri ihn einst gefeiert hatte, weil er als 16-Jähriger Autos von Lehrern angezündet hatte. Negri sagte nur: »Aber ich habe ihn doch nicht losgeschickt, die Autos anzuzünden!«

Ich war Mitte zwanzig und kam ernüchtert wie nie von dieser Reportage zurück. Man darf wahrscheinlich nicht einmal von Revolutionären verlangen, dass sie alles vorleben, was sie propagieren, zum Beispiel die Solidarität mit anderen Menschen. Aber man kann doch wenigstens erwarten, dass sie nicht das genaue Gegenteil von dem machen, wofür sie mit ihrem Beispiel stehen.

Heute frage ich mich, warum bei mir, der ich in so politischen Zeiten aufgewachsen bin, das politische Interesse seit Langem abgenommen hat. Bin ich nicht geradezu der Prototyp einer ganzen Schicht von Bürgern, die eigentlich nur noch am Rande »Staatsbürger« sind?

Ich bin heute kein Mensch, der ausgeprägte Meinungen hätte. Manchmal fühle ich mich wie Leonard Zelig,

Woody Allens Figur, der sich seinem jeweiligen Gesprächspartner so anpasst, dass er von ihm kaum noch zu unterscheiden ist. Ich habe nach einem abendlichen Gespräch mit einem Gewerkschafter größtes Verständnis für dessen Positionen und kann mich am nächsten Tag in einen Neoliberalen einfühlen.

Bin ich vielleicht einfach zu feige, Position zu beziehen? Zu faul? Oder liegt es nicht vielmehr daran, dass ich mich – als Jugendlicher zum Beispiel – politisch so sehr geirrt habe, dass ich mir nun jederzeit vorstellen kann, mich auch in allen anderen Fragen zu irren? Hielten wir nicht zum Beispiel den *ZDF*-Journalisten Gerhard Löwenthal und seine Sendungen über die DDR seinerzeit für übelste Demagogie? Und müssen wir nicht heute zugeben, dass er mit vielem, was er berichtete, einfach recht hatte? Jedenfalls stelle ich heute fest, dass ich, je länger ich mich mit einem Problem beschäftige, desto unentschiedener in meiner Meinung dazu werde.

**27** Genau dieses Abwägen könnte übrigens die Erklärung dafür sein, dass sich so dauerhaft der Eindruck hält, unsere Generation habe keine Haltung. Die Kämpfe, die wir heute austragen, sind eben nicht so einfach auf den Begriff zu bringen. Aber deswegen nehmen wir sie nicht weniger ernst, und mit Unentschlossenheit und Untätigkeit ist unser Abwägen auch nicht zu verwechseln. Es geht heute nicht mehr so schwungvoll wie früher mit »Mehr Demokratie wagen!« oder »Nie wieder Faschismus!«. Unsere Einstellungen sind komplex, aber das ist mir lieber als die von jeder Wirklichkeit abgetrennte Gewissheit. Die Kommunikationswissenschaftlerin Miriam Meckel hat das sehr schön auf den Punkt gebracht: »Zur Demokratie gehört, Ambivalenz zu ertragen und sie als besonderen Wert des demokratischen Systems zu betrachten.« Ich fürchte, das bleibt auch unser Leitmotiv: Statt *Lotta continua* heißt es bei uns »Das Abwägen geht weiter!«.

Allerdings habe ich neben Meinungen ja auch Interessen, wie jeder andere. Und je älter ich werde, desto stärker tendiere ich dazu, bei einer Wahl nach meinen persönlichen Interessen zu wählen, denen eines relativ gut verdienenden Familienvaters. Niemals hätte ich das früher getan, und ich fühle mich auch heute nicht wohl dabei. Ich gehöre nicht zu denen, die nur nach ihrem persönlichen Vorteil wählen wollen. Aber ich finde andererseits, dass zunächst einmal jeder für sein eigenes Leben verantwortlich ist, dass Selbstverantwortung, Selbstbestimmtheit und Selbstsorge, wie es der Soziologe Heinz Bude genannt hat, »Lebensführungsideale« sind, denen man entsprechen sollte. Und dass erst, wenn jemand diesen Idealen nicht nachkommen kann, ihm geholfen werden muss.

Und dann ist da noch der Grundverdruss, was alles Politische angeht.

Es gibt leider wirklich kaum Politiker, die mich überzeugen, und ich frage mich, woran das liegt.

Auch gibt es so etwas wie eine vergebliche Suche nach einem politischen Programm, das zu meinem Leben passt. Unter Willy Brandt, der sozialliberalen Koalition: Das war in vielem der perfekte Ausdruck dessen, was ich wollte. Mit weniger möchte ich mich nicht zufriedengeben, aber ich sehe keine Partei, in der das, wofür ich politisch eintreten würde, programmatisch und personell verwirklicht ist.

Da ist auch die seltsame Erfahrung, dass sich nichts ändert: Seit ich Schüler bin, fordern wir zum Beispiel Chancengleichheit, ein gerechteres, besseres Bildungssystem. Wenig hat sich auf diesem Sektor getan, im Gegenteil. Viele Probleme scheinen sowieso mittlerweile unlösbar. Die Gesundheitsreform kommt einem in Deutschland geradezu wie ein Staatszweck vor, den man im Grundgesetz verankern könnte: »Die Bundesrepublik Deutschland ist ein Staat, der sein Gesundheitswesen zu reformieren versucht.«

Wobei, je älter man wird, einem das Gesundheitswesen persönlich mehr am Herzen liegt: Bloß empfinde ich eben, wenn ich in der Zeitung etwas über dieses Gesundheitswesen lese, so bohrende Langeweile, dass ich sofort weiterblättere. Ich fühle mich, je älter ich werde, bei den meisten politischen Themen immer weniger kompetent.

Schließlich: das tägliche Bombardement mit Debatten, mit Gerede, mit Talkshows, die nur noch Fetzen aus der Diskussion transportieren – und von dem einem am Ende nichts bleibt als das Gefühl: Hier klappt doch sowieso nichts. Hier stehen Eitelkeit und persönliche Interessen über der Sache, um die es geht.

Wie ich das hasse: dieses ewige Herumhacken auf allem und jedem, was Politik ausmacht! Und das ausgerechnet in Deutschland, das doch ein Schlaraffenland ist!

Wem hier Unrecht geschieht, der kann sich vor Gericht wehren, auch dann, wenn er mittellos ist – und das Verfahren dauert Monate, nicht Jahre wie in anderen Ländern. Wer krank ist, wird gut versorgt, auch wenn er immer nur in der AOK pflichtversichert war. Wer in finanzielle Not gerät, dem wird geholfen, manchmal mit Beihilfen, die höher sind als der Lohn, den er für eine Arbeit erhalten würde. Es gibt freie und kritische Medien in Hülle und Fülle, die noch Verlegern gehören und nicht Industriekonsortien, die ihre Blätter für wirtschaftliche Interessen instrumentalisieren. Und wenn Politiker über die Stränge schlagen, dann wird ihnen gnadenlos Rechenschaft abverlangt, in der Öffentlichkeit und vor Untersuchungsausschüssen.

Ganz wichtig noch (und das ist eigentlich für mich die Voraussetzung, um hier leben zu können): Das Land hat sich glaubhafter und tiefer mit den Verbrechen seiner Geschichte auseinandergesetzt als jedes andere, das ich kenne. Und gottlob widersteht immer noch eine Mehrheit dem Ruf jener, die einen »Schlussstrich ziehen«, den Nationalsozialismus endlich »bewältigt« haben wollen (die Fürsprecher ähneln übrigens oft auffällig jenen, die jetzt die Auseinandersetzung mit den Untaten der DDR am liebsten sofort beenden würden).

Was wirklich irritierend ist, wenn auch menschlich nachvollziehbar: die Selbstverständlichkeit, mit der wir unser Gemeinwesen sehen. Es ist aber nicht selbstverständlich, ganz und gar nicht. Es ist etwas, das immer neu erarbeitet werden muss – und immer wieder gefährdet ist. Wobei übrigens Demokratie-Treue in Jahrzehnten bei uns auch erkauft wurde: mit der Aussicht auf immer neue Wohltaten. Jetzt aber gibt es zum ersten Mal seit dem Krieg kein Versprechen auf Zuwachs mehr. Umso wichtiger wäre es eigentlich, sich bewusst zu machen, was wir haben, was es uns bedeutet und was wir dafür zu tun bereit sind.

Vielleicht muss man als Fremder nach Deutschland kommen, um das überhaupt würdigen zu können. Hier musste zum Beispiel vor vielen Jahren ein Bundesminister zurücktreten, weil er auf amtlichem Briefpapier für eine »pfiffige Idee« seines angeheirateten Vetters geworben hatte. In Italien hätte ein Minister eher zurücktreten müssen, wenn er einen solchen Werbebrief *nicht* geschrieben hätte. Manchmal driftet diese Kontrollwut ins Inquisitorische, Selbstgerechte, Verlogene und geradezu Lächerliche ab: Es gab auch schon Politiker, die ihren Posten verlassen mussten, weil sie im Amt erworbene Bonusmeilen privat verflogen hatten.

Kann es nicht sein, dass die Deutschen ihren Politikern vorwerfen, was sie an sich selbst nicht leiden können: die Gier selbst im Kleinen, die Rabattmarkenmentalität, die Geiz-Geilheit?

Kein Wunder, dass sich nur noch ganz wenige bereitfinden, diesen Beruf zu ergreifen.

Aber eben diese wenigen sind nun mal das Problem, **30**
das lässt sich doch nicht wegreden, oder?

Als ich anfing, mich für Politik zu interessieren, Zeitung zu lesen, Debatten zu verfolgen, da war Willy Brandt Bundeskanzler. Klaus Harpprecht, der Fernseh-Korrespondent in Washington gewesen war und den S. Fischer Verlag geleitet hatte, schrieb Reden für ihn. Der Soziologe Ralf Dahrendorf, der als einer von wenigen deutschen Professoren öffentlich mit Rudi Dutschke diskutierte, war Landtags- und Bundestagsabgeordneter, Staatssekretär und EG-Kommissar. Günter Gaus, berühmt für seine Fernsehinterview-Reihe *Zur Person* und Chefredakteur des *Spiegel*: Auch er wurde Staatssekretär. Der Rechtswissenschaftler Werner Maihofer war Innenminister, der Staatsrechtslehrer Horst Ehmke Chef des Bundeskanzleramtes, später Minister. Unabhängige Leute wie Hans Leussink, Ingenieur, Professor und parteilos, oder Hildegard Hamm-Brücher wurden ebenfalls Minister.

Man hatte das Gefühl, dass Intellektualität und Macht sich nicht gegenseitig ausschließen. Es gab eine Leidenschaft für Politik, es herrschte Euphorie.

Soll man dieser Zeit aber wirklich nachweinen? **31**
Selbst wenn man die großen Redner, die charismatischen Persönlichkeiten, den politischen Mut jener Jahre vermisst, was ich manchmal selbst auch tue? In jenen Jahren war zum Beispiel Franz Josef Strauß einer der Großen, der wegen seiner rhetorischen Potenz und seines politischen Instinkts zu

Recht gepriesen wurde, aber höchstpersönlich Konten eröffnete, auf die Spenden eingezahlt wurden, wobei es jedoch ganz allein seine Entscheidung war, ob er das Geld an seine Partei weiterreichte oder für sich behielt. So wurde er in seinem Beruf reich. Der lange Arm der bayerischen Staatspartei reichte damals so weit, dass eine Gymnasiastin in Regensburg von der Schule verwiesen wurde, nur weil sie eine Stoppt-Strauß-Plakette auf ihrem Parka haften hatte. Erwachsene Menschen, die beim *Bayerischen Fernsehen* arbeiteten, mussten zittern, wenn eine Sendung in den Augen der CSU zu kritisch geraten war; manchmal fiel sie dann einfach aus dem Programm. Und auf dem Höhepunkt der Gewerkschaftsmacht in Deutschland betrieben Manager des Gewerkschaftskonzerns *Neue Heimat* über Strohmänner Privatfirmen, um sich zu bereichern.

Ich sehne mich übrigens auch nicht zurück nach den großen Leitwölfen in Industrie und Medien. Sie haben Großes geleistet, sich oft aber auch ein Maß an Willkür und Selbstgerechtigkeit herausgenommen, das heute kein Jüngerer mehr ertragen würde. Sie waren zwar in der Lage, jede noch so vertrackte politische Auseinandersetzung zu beurteilen, den Regierenden ihren Rat aufzudrängen. Aber wenn sie selbst an einem Konflikt beteiligt waren, kam ihnen ums Verrecken nicht die Frage in den Sinn: Welchen Anteil habe *ich* an diesem Konflikt?

Ich empfinde es also nicht als Verlust, wenn ich es nicht mehr mit Verlegern oder Chefredakteuren zu tun habe, die eine Kultur der Angst pflegten, bei denen man von einem Tag auf den anderen in Ungnade fallen konnte, und sei es auch nur, weil man sich eines Tages in die falsche Frau verliebt hatte oder weil es dem Chef bei seinen Machtspielchen einfach so gefiel. Allem Gerede zum Trotz: Auch die politischen Spitzenkräfte sind heute noch zum Teil hochintelligente, besonders fähige Menschen, und zwar quer durch alle Parteien, und wer sie gering schätzt, der sollte wenigstens nicht verlogen sein: Wenn man nicht selbst den Mut oder die Kraft aufbringt, in die Politik zu gehen, darf man sich auch nicht immer nur beklagen.

Ich habe als Schüler und Student, später dann in jener Bürgerinitiative, die unter dem Motto »München – eine Stadt sagt Nein« eine Lichterkette gegen Ausländerhass und Rechtsradikalismus veranstaltete, fantastische politische Talente kennengelernt, von denen einige auch in den Jugendorganisationen der Parteien aktiv waren. Kein Einziger von ihnen ist später in die Politik gegangen. Die meisten haben auch ganz ehrlich den Grund genannt: Das ist mir zu mühsam, zu undankbar, für das bisschen Geld lasse ich mich nicht bei der erstbesten Gelegenheit von den Medien an den Pranger stellen und von jedem, der gerade mag, als Watschenmann behandeln – das auch noch bei Sechstagewochen und Tagen, an denen es kaum eine Stunde Freizeit gibt.

Politik ist eine entsetzliche Mühle, und wer rausfällt, stürzt oft abgrundtief. Theo Waigel, der früher mächtige CSU-Politiker und ehemalige Finanzminister, hat mir mal erzählt: »Was meinen Sie, wie das ist, wenn Sie das Amt los sind und zu einer Veranstaltung gehen:

Der Einzige, der noch freiwillig zu Ihnen kommt, ist der Ober – um Ihnen die Rechnung zu bringen.«

**32** Soll ich Mitleid haben? Das kann nicht unsere Haltung gegenüber Politikern sein.

**33** Um Mitleid geht es mir gar nicht. Aber doch um einen gewissen grundlegenden Respekt davor, dass sich Leute der Politik aussetzen.

**34** Dabei fällt mir ein: Mich interessieren Menschen, denen es in ihrem Leben um Macht geht (und das sind ja nun, unter anderem, die Politiker), in der Regel nicht besonders. Machtstreben hat etwas Ausschließliches, etwas, dem der Mensch alles andere in seinem Leben unterordnen muss. Machtstreben nimmt den nach Macht Strebenden komplett in Beschlag, und das gibt, wie ich finde, ihm etwas Eindimensionales, Uninteressantes.

**35** Aber wer kein bisschen an Macht interessiert ist, der wird auch nie etwas verändern. Es kann so jemanden auch gar nicht geben – so wenig wie einen Kreativen, der ganz und gar uneitel ist.
Im Übrigen hängt das Machtstreben ganz stark mit dem Bedürfnis nach sozialer Revanche zusammen. Was für fantastische Geschichten es doch sind, die Gerhard Schröder oder Joschka Fischer verkörpern!

Da wird ein Mann durch eigene Anstrengung, Intelligenz und eben Willen zur Macht Bundeskanzler, dessen Mutter Putzfrau und dessen Vater Kirmesarbeiter war. Da wird einer Außenminister (der schillerndste, den wir je hatten) und braucht dazu nicht einmal das Abitur. Ein wunderbares Land, in dem das möglich ist! In der Wirtschaft sind Klaus Kleinfeld und René Obermann aus kleinen Verhältnissen ganz nach oben geklettert; Kleinfeld war zehn, als sein Vater starb, Obermann wuchs bei seinen Großeltern auf. Der eine war zweieinhalb Jahre Vorstandsvorsitzender von Siemens, der andere ist Vorstandsvorsitzender der Deutschen Telekom und führt den Konzern ohne jedes Imponiergehabe.

Aber man hatte doch früher das Gefühl, Politiker folgten noch ihren Überzeugungen, sie stünden wirklich ein für das, was sie wollten. Heute managen sie nur noch Stimmungen, sie dienen sich dem Volk an, sie laufen ihm hinterher, statt ihm Führung anzubieten. Heute gibt es bloß die Verwaltung von Notlagen, das Abwenden von Katastrophen und Politiker, die geradezu Furchtsamkeit ausstrahlen. Der Journalist Dirk Kurbjuweit hat das im *Spiegel* sehr schön beschrieben: »Die Politiker von heute haben vor allem eine Fähigkeit: Sie können sich in eine vermutete Volksstimmung hineinschmiegen. Sie können die eigenen Überzeugungen, soweit vorhanden, zwischen Designersätzen verschwinden lassen. Viele bringen erst gar keine Überzeugung mit, sind nur noch Experten für eine Verschwommenheit, die auf dem Bildschirm gut rüberkommt. Sie sind Ängstliche, erstarrt vor der Volksschlange.«

**37** Bitte: Zitier doch keine Journalisten! Nie gab es in Deutschland mehr Medien als heute, nie waren sie freier. Und doch haben sie einen fatalen Hang, sich an die Spitze der Nörgler und Herumhacker zu stellen, weil sie sich davon noch am ehesten das Interesse ihrer Leser und Zuschauer für Politik versprechen, die ansonsten der Parteipolitik müde sind. Lass uns nicht über Selbstverständliches reden, nämlich darüber, dass Journalisten in erster Linie dazu da sind, kritisch über alles zu berichten – von den Nöten der Milchbauern im Chiemgau bis zum Versuch der Vertuschung eines Massakers an afghanischen Zivilisten bei Kundus. Aber sie sind doch auch Mittler und in diesem Prozess dafür verantwortlich, dass die Leute verstehen, warum viele Entscheidungen lange dauern und wahnsinnig kompliziert sind. Außerdem frönen sie einer paradoxen Leidenschaft zum Gleichklang: Gerade Journalisten neigen dazu, zu jedem Trend gleich den Gegentrend auszurufen, zu jeder These gleich die Antithese. Das, was gestern als richtig galt, soll heute plötzlich falsch sein.

Um die Jahrtausendwende wurde von den meisten Journalisten eine Entschlackung des überbordenden Sozialstaats angemahnt. Als dann aber die Hartz-Gesetze in Kraft traten, wurden sie als unsozial gebrandmarkt. Vor der Bundestagswahl 2005 schwenkten einige Medien schon wieder um und schlugen sich auf die Seite Angela Merkels, die damals noch für einen radikalen Reformkurs stand – was mit Beginn der Großen Koalition auch schon wieder Geschichte war. Nach dem Bankencrash, in einer Phase der Rezession, forderten dann plötzlich viele Kommentatoren, die vorher den deregulierten Markt beschworen hatten, eine »Renaissance des Staates«, der retten, eingreifen und Konjunkturpakete schnüren sollte.

Bei der Wahl 2009 ging es so weiter: Im Bild der Medien hatte erst die Große Koalition angeblich abgewirtschaftet; eine Alternative aus SPD, Grünen und Linken wurde sowieso als regierungsunfähig dargestellt. Die neu gewählte schwarz-gelbe Koalition hatte dann aber nach wenigen Wochen einen »Fehlstart« hingelegt. Und daraufhin galt plötzlich wieder die Arbeit der vorherigen Großen Koalition als gar nicht so übel. Am Ende steht für den Leser allenfalls wieder die Erkenntnis: Politiker sind alle gleich, gleich schlecht.

Ähnlich sind sich aber vor allem die Journalisten, die auch Strauchelnde erschreckend konformistisch abkanzeln. Der rheinland-pfälzische Ministerpräsident Kurt Beck war zwei Jahre lang Vorsitzender der SPD. In dieser Zeit hat er weder seine Partei noch die meisten politischen Beobachter besonders überzeugt. Aber warum ihn deshalb über Monate hinweg mit Tiraden voller Hohn und Spott überziehen? Hier eine kleine Sammlung von Invektiven, die innerhalb weniger Wochen in deutschen Tageszeitungen und Magazinen veröffentlicht wurden, ohne Anspruch auf Vollständigkeit, aber wörtlich zitiert: »Räuber Hotzenplotz«, »Mainzelmännchen«, »Grauen vom Lande«, »Dickschiff«,

»Manta-Fahrer«, »Problembär«, »Meerschweinchen«, »Bauer«, »Prolet«, »Kleinbürger«, »Couch-Potato«. Natürlich haben sich die meisten Journalisten dann wieder mit Abscheu und Empörung gegen den Vorwurf gewehrt, hier habe so etwas wie eine Hatz oder Rudeljournalismus stattgefunden.

**38** Aber das meine ich doch: das Gefühl, dass der politische Betrieb Menschen zerreibt, dass er Menschlichkeit nicht mehr zulässt. Jeder noch so hoffnungsvolle Politiker enttäuscht nach einer Weile, jeder menschlich doch vollkommen verständliche Fehler wird unnachsichtig geahndet.

**39** Diese allgemeine Enttäuschung über Politik ist eine Ausrede. Was macht denn die Enttäuschung aus? Die Erfahrung, dass sich das schönste politische Vorhaben nach kurzer Zeit an der Realität bricht, an Zwängen, Widerständen, menschlichen Unzulänglichkeiten? Das verführt dann zu der allgemeinen Klage, die Politiker seien doch eh alle gleich. Aber im Grunde genommen handelt es sich um eine anthropologische Konstante: Egal, was wir anpacken, nach kürzester Zeit wird es im Konkreten mühsam, und wir hadern nicht nur mit den Strukturen, sondern auch mit unseren eigenen Schwächen und den ewig gleichen gruppendynamischen Prozessen.

Als wir 1992 die erwähnte Lichterkette organisierten, hätte die Resonanz nicht größer sein können.

Trotzdem hatten die vier Initiatoren schon nach wenigen Tagen untereinander Zoff: Der eine war plötzlich eifersüchtig auf die mediale Präsenz des anderen, sodass man ihm später ausgleichshalber alle Preisverleihungen überlassen musste; dem anderen warf man vor, dass er sich in entscheidenden Momenten immer drücke; und ein Dritter musste sich des Verdachts erwehren, er nutze die Lichterkette zur Förderung der eigenen Firma. Ein Glück, dass es bei der Organisation dieser einen Lichterkette blieb. So blieben die Freundschaften bis heute erhalten.

Aber all das nimmt eben dem politischen Engagement nicht seinen Wert. Denn entscheidend ist nicht das allzu Menschliche, sondern dass es immer wieder Männer und Frauen gibt, die auch nach schlechten Erfahrungen einen neuen Anlauf wagen – beladen mit Hoffnungen, die meist viel zu groß, aber wahrscheinlich nötig sind, um dem Aufbruch den richtigen Anschub zu geben.


Bloß: Wie geht man mit dem Gefühl um, dass Politik heute offenbar immer weniger bewirkt, dass sie hilflos erscheint bei vielen Problemen, dass unser Steuersystem unreformierbar erscheint und dass zum Beispiel alle Reaktionen auf die bevorstehenden Klimaveränderungen sich nur mit den Worten charakterisieren lassen: zu spät, zu wenig, zu klein? Welche Haltung nimmt man ein angesichts einer weitverbreiteten Gleichgültigkeit, die vielleicht weniger mit Desinteresse als mit Ohnmacht zu tun hat?

**41** Indem man, verdammt noch mal, Maß nimmt und anerkennt, dass einige Probleme zwar jetzt unlösbar erscheinen, andere aber sehr wohl angepackt werden, und seien sie noch so schwer. Und dass unsere Erwartung oft größenwahnsinnig ist, eine Regierung, eine Partei oder gar ein Politiker könne alle Aufgaben alleine meistern. Ich könnte schon meine Steuererklärung nicht einmal unter Androhung von Folter ohne fremde Hilfe bewältigen. Die Klimapolitik ist ein Trauerspiel, ja, aber auch eine Prüfung nie gekannten Ausmaßes. Paradoxerweise verstößt die Aufgabe, unseren Planeten zu retten, auch gegen elementarste Naturgesetze: Einen großen Teil unserer Schaffenskraft schöpfen wir aus dem Bestreben heraus, die Familie, den Heimatort, meinetwegen noch das Land, in dem wir leben, gegen andere Gruppen zu schützen und abzugrenzen. Eine wirksame Klimapolitik aber braucht nicht nur die Verständigung aller wichtigen Staaten der Welt, sie müsste auch die Interessen Einzelner zumindest vorübergehend zurückstellen, denn die richtigen Maßnahmen bedeuteten vielerorts weniger Wachstum, außerdem gäbe es selbst bei einer recht hohen globalen Klimaerwärmung noch Regionen, die Glück im Unglück hätten und von einem milderen Klima profitierten. Und das alles sollen Umweltminister und Regierungschefs in wenigen Jahren überwinden?

Dafür haben unsere Politiker vor Kurzem nahezu ein Wunder vollbracht, in kürzester Zeit und über alle Staatsgrenzen hinweg. Als im Herbst 2008 der internationale Finanzkollaps drohte, gelang ihnen die Rettung der Welt, jedenfalls bis zum heutigen Tage. Bezeichnenderweise kenne ich keine beteiligte Regierung, die bislang in Anerkennung dieses Verdienstes wiedergewählt worden wäre, schon gar nicht die Große Koalition in Deutschland, trotz allem Einsatz von Angela Merkel und Peer Steinbrück.

Übrigens fühle ich mich nicht unwohl dabei, das alles aus der Distanz zu beobachten, mich nicht mehr wirklich zu interessieren. Es ist eine Haltung, die bequem ist, und manchmal finde ich, dass ich – bei der vielen Arbeit, die ich habe – mir diese Bequemlichkeit auch gönnen könnte. Muss ich mich wirklich interessieren? Muss ich mich mit alledem beschäftigen? Liegt nicht das Großartige eines Staates wie des unseren auch darin, dass er mich in Ruhe lässt? Dass er mir die Freiheit gibt, mich um alles Politische den Deubel zu scheren?

Es gibt da eine seltsame Geschichte: Ich war viele Jahre lang politischer Journalist, immer noch diesem nie ausgesprochenen Vater-Auftrag folgend, dem Gefühl, er werde mir vielleicht einmal so zuhören, wie er den Werner-Höfer-Runden einst im Fernsehen zuhörte, er werde sich für mich so begeistern, wie er sich für die Leute da im Fernsehen begeisterte. Ich fühlte mich, ohne mir dieses Gefühl je wirklich bewusst zu machen, mir selbst fremd, wenn ich Leitartikel und Kommentare schrieb, wenn ich Helmut Kohl nach Polen begleitete und aus Bonn über den Wahlabend berichtete.

Dann starb mein Vater. Und vier Wochen später wurde Helmut Kohl wieder zum Bundeskanzler gewählt, zum letzten Mal. Am Morgen nach der Wahl sollte ich in ein

Flugzeug steigen, nach Berlin fliegen und an irgendeinem politischen Thema arbeiten, ich habe vergessen, was es war, nur, dass es mir zuwider war wie noch nie eines, das weiß ich.

Morgens um fünf erwachte ich, schweißgebadet, in den Ohren ein lautes Brummen wie von einer defekten Neonröhre. Ich hatte einen Hörsturz, flog nicht nach Berlin und beendete (nicht sofort, erst nach einiger Zeit, aber hier begann doch der Entschluss) meine Karriere als politischer Autor.

Es gibt, je älter ich werde, eine Reihenfolge von Prioritäten in meinem Leben: In dieser Tabelle stehen an allererster Stelle mein Beruf und meine Familie. Ich bin verantwortlich für meine Kinder, die Beziehung zu meiner Frau, meine Begabungen. Sich dem zu widmen, kostet viel Zeit, auch weil ich von meinen Eltern nicht aufs Beste für ein glückliches Privatleben gerüstet worden bin. Wofür sie nichts konnten, sie hatten Grenzen, die ihnen von ihrer Zeit und den Umständen gesetzt worden waren.

Um nur ein Beispiel zu nennen, einen Punkt, von dem an anderer Stelle schon die Rede war: Mein Vater war sieben Jahre lang Soldat, im Krieg, in einem auch von seiner Generation verursachten, umfassenden, verbrecherischen Krieg – und er hatte über all das, über Schuld, Angst, Tod, Verbrechen nie mit mir oder mit irgendjemand sonst geredet. Meine Mutter war sehr klein gewesen, als ihre Mutter ihren Mann verlassen hatte – und sie sollte diesen ihren Vater als Kind nur einmal flüchtig wiedersehen. Auch diese Geschichte erfuhr ich erst als Erwachsener.

Ich habe das Schweigen über die grundlegenden

Dinge in der Familie immer als großes Unglück gesehen und empfinde dieses mir natürlich auch anerzogene Schweigen als einen Fehler, den ich selbst in meinem Leben nicht machen möchte – wie ich überhaupt glaube, das alles Unglück im Leben immer aus dem Schweigen kommt, nie aus dem Reden.

Das sind Gründe, aus denen ich mit den Jahren ein immer mehr und geradezu leidenschaftlich auf mein Privatleben hin orientierter Mensch geworden bin, einer, dem ein Gespräch mit seinen Kindern oder seiner Frau immer wichtiger sein wird als jede Talkshow über Probleme unserer Rentenversicherung.

Je länger ich mich beim Älterwerden beobachte, umso stärker muss ich bekennen: Manchmal fühle ich mich wie ein kleines Arschloch. Diese Prioritätenliste *Familie-Karriere-Politik* haben doch meistens Menschen, denen es besonders gut geht: Sie können einem erfüllenden Beruf nachgehen und verdienen damit auch noch Geld, manchmal sogar so viel, dass sie ihrer Familie ein viel besseres Leben ermöglichen können als jene, die neben ihrer Arbeit zum Beispiel ein politisches Ehrenamt ausüben. Und selbst wenn sie ganz viel arbeiten, haben sie meistens mehr Zeit für ihre Familie als viele Politiker.

Wenn es etwas gibt, was man von jenen, denen es gut geht in Deutschland, verbindlich verlangen müsste, könnte, sollte – dann ist es nicht die Last von mehr Abgaben, sondern die Bereitschaft, dem Land oder der Stadt oder auch nur einer bestimmten Gruppe von

Menschen, denen man sich nahe fühlt, etwas zurückzugeben von all dem, das man selber erfahren hat. Natürlich nimmt die Fähigkeit zur Empörung mit den Jahren ab, sei es, weil man vieles nicht mehr an sich heranlässt, sei es, weil man mit den Jahren gelernt hat, bestimmte Ereignisse zu relativieren, um sie besser verarbeiten zu können.

Dafür aber nimmt die Gelassenheit zu und die Fähigkeit, sich mit Problemen auseinanderzusetzen. Der 55-jährige Manager, der sich für eine Kita in einem Außenbezirk mit besonders hohem Migranten-Anteil engagiert, ist vermutlich mindestens genauso effizient wie die junge Sozialarbeiterin im Jugendzentrum ein paar Straßen weiter. Man kann viel Gutes tun, auch wenn man in keiner Partei aktiv ist oder in den nächsten Stadtrat einziehen will oder kann. Und man hat doch zumindest die simple Pflicht, sich als informierter, reflektierender Staatsbürger zu verhalten – und sich selbst den Rückzug in bequeme Gleichgültigkeit zu verbieten.

Ich will jedenfalls kein Jammern und kein Klagen mehr über Deutschland hören. Weder darüber, dass Politiker zu wenig Niveau hätten und zu langsam auf die Probleme reagierten, noch über die vermeintliche Neidgesellschaft, noch darüber, dass die Unterschicht sich selbst überlassen werde.

Es sei denn, dass der Beschwerdeführer den Nachweis eigener tätiger Hilfe vorzeigt.

## Wie viel Wahrheit vertragen wir – eine Stimme aus dem Inneren der Macht

Was würde eigentlich passieren, wenn Politiker von einem Tag auf den anderen damit anfingen, all das auszusprechen, was sie wirklich denken und wissen – völlig unabhängig von dem dann möglicherweise drohenden Echo in der eigenen Partei, in den Medien und vor allem beim Wähler?

Ich hatte mir vorgenommen, diese Frage einer der intelligentesten und einflussreichsten politischen Persönlichkeiten zu stellen, die ich in Deutschland kenne – einem Mann, der hier R. genannt sei.

Wir treffen uns in einem Berliner Restaurant, vor dem während unseres Gesprächs etwa eine Hundertschaft Polizisten und ein Wasserwerfer Aufstellung nehmen. Sie sollen einige luxuriös ausgestattete Geschäfte und das Restaurant absichern gegen eine Demonstration von Globalisierungsgegnern, von denen einige als militant gelten. Auf dem Höhepunkt der durch die drohende Pleite der Griechen ausgelösten Euro-Krise protestieren sie gegen das Maßnahmenpaket der Regierung, der R. angehört. Die Demo geht bei den Gästen im voll besetzten Saal in absoluter Gleichgültigkeit unter.

Sobald R. ungeschützt redet, sagt er kluge, selbstkritische und auch beunruhigende Sätze. Wäre der Sprecher dieser Sätze identifizierbar, wären etliche der Ansichten, die R. an diesem Abend äußert, gut für süffige Schlagzeilen in den Medien. Ganz zu Anfang zum Beispiel empfiehlt R. sich mit dem Satz: »Spitzenpolitiker zu sein ist eine psychische, physische, familiäre und bisweilen auch intellektuelle Zumutung.« Hier will aber nicht jemand den Beruf des Politikers schlechtreden, sondern nur einen Hinweis auf den Preis geben, den auch R. immer wieder dafür zahlt.

Was würde also passieren, wenn R., zum Beispiel bei Pressekonferenzen, immer nur die Wahrheit sagte? Er zögert lange. Bezeichnenderweise zieht er es zunächst vor, die Ursache zu benennen, die Politiker dazu bringt, in gestanzten Sätzen zu sprechen: Es sei die Gefahr, dass Sätze aus dem Zusammenhang gerissen werden, dass sie sich dann verselbstständigen und Tage, wenn nicht Wochen, für Ärger sorgen – in den Medien sowieso, aber auch in der eigenen Koalition, bei der Opposition, und, wenn es terminlich ganz schlimm kommt, beim Wähler. Wenn R. selbst über der Autorisierung eines Interviews brütet, hat er immer auch die Frage vor Augen, wo ein Sprengsatz liegen könnte. Bei schwierigen Themen gehe jede Unbefangenheit verloren.

Die Angst vor einem unvorsichtigen Wort sei aber nur die eine Seite des Problems. Die andere seien die Medien. R. holt gar nicht zu der bei Politikern beliebten Schelte aus, sondern stellt im Gegenteil etwas fest, was dem politischen Betrieb eher nützt: »Journalisten haben ein zu kurzes Gedächtnis. Sie prüfen in der Regel nicht nach, ob einer vor Kurzem nicht das genaue Gegenteil zum selben Thema gesagt oder Sachverhalte ganz falsch dargestellt hat.« Beides, die große Angst der Politiker und die große Vergesslichkeit der Medien, gingen letztlich immer auf Kosten der Wahrheit.

Aber es gibt doch Wahrheiten, die jeder halbwegs kundige Mensch kennt, innerhalb und außerhalb der Politik! Jeder weiß doch zum Beispiel, dass in der unaufhaltsam älter werdenden Gesellschaft die Aufwendungen für Rente und Pflege eines Tages nicht mehr auf dem heutigen Niveau getragen werden können.

Stimmt, sagt R. Man müsste den jungen Berufstätigen sagen: Fangt rechtzeitig an, euern Ruhestand zu organisieren! Bildet, wenn ihr nicht das Glück habt, von euren Kindern unterstützt zu werden, Wohngemeinschaften auch mit anderen Alten, in denen Menschen mit unterschiedlichen Begabungen und unterschiedlichem Grad der Gebrechlichkeit einander helfen können! »Das wird ganz sicher kommen, und es wäre an der Zeit, jetzt schon eine ernsthafte Debatte anzustoßen. Der Staat kann in 20 Jahren den Unterhalt der Alten nicht mehr in dem versprochenen Umfang stemmen. Aber was meinen Sie, was hier los wäre, wenn ein Politiker das öffentlich sagen würde?«

R. weiß natürlich, dass dies zwar ein ganz wichtiges Problem der Zukunft ist, dass die Menschen aber angesichts der Krise noch von ganz anderen Existenzsorgen geplagt werden. Im eigenen Freundes- und Verwandtenkreis hört er immer wieder die Frage: Was machst du mit deinem Ersparten? R. kennt Menschen, die so viel Angst um ihr Vermögen haben, dass sie anfangen, »Gold im Garten zu vergraben«. Seine eigene Mutter erzähle ihm diese Geschichten. R. sagt, dass eine weitere Destabilisierung der Europäischen Union und ihrer Währung die »schlimmste Bedrohung seit Jahrzehnten« wäre.

Was machen Politiker, die in den allermeisten Fällen keine Ökonomen und keine Finanzexperten sind, um uns zu schützen? R. sagt, man hole sich Rat. Man frage die führenden nationalen und internationalen Spezialisten. Er wolle aber nicht leugnen, dass sich die Fachleute gerade in den wichtigsten Fragen häufig widersprächen – die einen sagten, man müsse in der Krise sparen, die anderen behaupteten das genaue Gegenteil. Am Ende müsse eine Entscheidung stehen, die zumindest die größeren Aussichten auf Erfolg und das geringere Risiko bedeute. Aber niemand könne mit Sicherheit vorhersagen, was in der Krise helfe. Das sei auch ein Problem, sagt R. Es gebe in den meisten Fällen nicht nur den einen Weg. »Wenn Sie mich also fragen, ob ich die Wahrheit sage, dann muss ich festhalten, dass es die eine Wahrheit selten gibt. Aber ich muss an den Weg glauben, für den wir uns entscheiden, sonst geht es gar nicht.«

Es fällt auf, dass R. eine große Vorliebe für die systemimmanente Erklärung hat. Wir, die Nichtpolitiker, stellten uns das immer alles so einfach vor: Da gibt es ein Problem, eine Diagnose und eine Medizin. Fast jede Entscheidung aber sei ein so hochkomplexer Vorgang, das könne sich unsereiner nur schwer vorstellen. Und zwar nicht nur, weil hoch entwickelte parlamentarische Demokratien kompliziert seien, sondern auch, weil die Menschen kompliziert seien. Er sagt: »Wenn du einer Pressure-Group nachgibst, das lehrt jede Erfahrung, rufst du ein paar andere auf den Plan. Und wenn du einer Gruppe dann auch noch alles gibst, hast du in der Gesellschaft Mord und Totschlag. Da kann man das Regieren einstellen.« Besonders konfliktreich werde es, wenn eine Oppositionspartei an die Macht komme, die vorher einer gesellschaftlichen Gruppe ganz viel versprochen hat. Man merkt, dass R. ein noch sehr frisches Beispiel vor Augen hat.

Und dann kämen noch die persönlichen Eigenschaften mächtiger Männer und Frauen hinzu, die politische Prozesse noch stärker beeinflussten als die Abwägung von Interessen. »Das war eigentlich die größte Überraschung für mich, als ich das aus größter Nähe erleben konnte.« Es gebe Politikertypen wie Nicolas Sarkozy, die sich nur motivieren könnten, »wenn sie Projekte kurz vor der Weltrettung anpacken«. Auch Guido Westerwelle sei ein bisschen so.

Aber R. sagt auch, dass das Zögerliche und Suchende im politischen Prozess auch einen Vorteil habe. Anders als Außenstehende oft dächten und Systemkritiker agitierten, sei der moderne Staat von großer Stärke. »Er kann sich im Prinzip gegen jeden und alles durchsetzen.« Wenn der Staat sich dann einmal entscheide und in die Freiheit eingreife, habe er leider die Wirkung einer Dampfwalze, »da ist es ganz gut, wenn man möglichst lange zögert«. R. hat selbst einmal beobachtet, wie unter dem Eindruck einiger tragischer Unfälle eine Verordnung gegen Kampfhunde auf den Weg gebracht wurde: Da sei kein Raum mehr für Einzelfallregelungen gewesen, und der Bürger, der eine angeblich gefährliche Hunderasse hielt, obwohl sein Tier zahm wie ein Osterhase war, verstand die Welt nicht mehr.

Wen hat R. vor Augen, wenn er sich selbst für Politik motivieren muss? Wem möchte er etwas Gutes tun? »Ich denke an eine Tante und einen Onkel, die inzwischen gestorben sind. Sie führten mit großer Hingabe ein Geschäft im Westen Deutschlands, dekorierten ihr Schaufenster alle paar Wochen um, besuchten Fortbildungskurse, gaben sich unendlich viel Mühe mit ihren Kunden. Aber was sie auch anstellten: Irgendwann waren sie der Konkurrenz der Supermärkte und Discounter nicht mehr gewachsen, sie mussten aufgeben. Es waren so rechtschaffene Menschen.« R. sagt, immer wieder behaupteten Politiker, eine bestimmte gesellschaftliche Gruppe habe kaum Fürsprecher. An die vielen Rechtschaffenen im Land, die es selbst schaffen wollten, über die jedoch Veränderungen hinwegbrächen, ohne dass sie eine Chance hätten, sich dagegen zu wehren – an die denke wirklich kein Mensch, schon gar nicht in den Medien.

Das klingt schön und auch einnehmend, aber hat ein Politiker, der ganz nach oben will, nicht in allererster Linie die Macht vor Augen? Und wird er dabei nicht notwendigerweise zynisch? R. sagt, es sei nicht die eigentliche politische Arbeit, die Politiker zu Zynikern mache, es seien die vielen Verletzungen auf dem Weg nach oben: die Enttäuschung, wenn Freunde zu Rivalen werden, oder die Erfahrung der Eitelkeit der anderen. Merkwürdigerweise habe ich Politiker schon oft über Eitelkeit klagen gehört, die eigene haben sie nie vor Augen.

Zwänge, Rücksichten, Egoismen, wahltaktische Spielchen. Je länger man R. zuhört, desto mehr fragt man sich, ob dieser Alltag außerhalb der Politik noch jemandem vermittelbar ist. Vor allem aber, ob diese Kennzeichen nicht dazu führen, dass eine gefährlich große Zahl von Bürgern die parlamentarische Demokratie mit einem im Kern wenig effizienten und deswegen wenig attraktiven Staat in Verbindung bringt. R. findet diesen Eindruck ungerecht, und man kann ihn auch verstehen: Demokratische Prozesse seien nun mal mühsam, aber sie hätten ganz viel mit den Wählern zu tun.

Der stärkste Antrieb zur Veränderung komme nämlich gar nicht von der Politik, sondern von der Gesellschaft: »Diese Gesellschaft wächst immer dann über sich hinaus, wenn sie der Politik ganz deutlich machen kann, was sie will.« R. ist sich sicher, dass man Deutschland schon innerhalb eines Jahrzehnts gründlich verändern könnte. So sei es zum Beispiel möglich, einen ausgeglichenen Haushalt hinzubekommen, man könne sogar vom Leitbild des Wirtschaftswachstums Abschied nehmen. Nur müsse es dann auch einen Konsens im Land geben, ein bisschen weniger materiellen Wohlstand hinzunehmen: weniger Fernreisen, weniger Energieverbrauch, geringere Rentenzahlungen. »Das kann man haben«, sagt R. »Und ich bin sogar sicher: Die Menschen in Deutschland wären nicht unglücklicher.«

Klingt so, als seien nicht wir die Getriebenen der Politik, sondern als würden die Politiker letztlich von uns getrieben. Und selbst wenn R. hier übertreiben sollte, ist doch die Botschaft klar: Wir, die Bürger, haben viel Macht.

Es merkt nur keiner.

## Meine Heimat in der Fremde

*oder*

Warum ich etwas dagegen hatte, dass mich ein Oberstudienrat aufhängen wollte

**1** An einem kalten Wintermorgen landeten wir auf einem fremden Planeten namens Hannover. Wir waren mit dem Nachtzug aus Rom gekommen, meine Mutter, mein Bruder und ich, begleitet von einer deutschen Tante, die meiner Mutter unter die Arme griff. Mein Vater hatte sich ein paar Tage zuvor während eines Spaziergangs auf dem Petersplatz von mir verabschiedet. Er sagte, wir sollten schon einmal nach Hannover vorfahren, er werde später nachkommen. Ich nickte, aber ich wusste, dass er nicht die Wahrheit sprach. Meine Eltern hatten sich getrennt. Deshalb kehrte meine Mutter mit ihren Söhnen nach Deutschland zurück.

Wenn mir Hannover wie ein Albtraum vorkam, lag das bestimmt nicht nur an der Stadt. Aber eine niedersächsische Provinzstadt hatte in den Siebzigerjahren eben auch noch nichts mit dem relativ offenen Deutschland zu tun, wie wir es heute vor Augen haben.

Mein Bruder und ich wurden von der fünften Klasse der italienischen Grundschule in die sechste eines humanistischen Gymnasiums verpflanzt, zur Akklimatisierung musste ein knappes halbes Jahr an der Deutschen Schule in Rom reichen. Der Klassenlehrer in Hannover bemühte sich nach Kräften, uns für die Mitschüler annehmbar erscheinen zu lassen – leider in völliger Verkennung unserer Talente: Es kämen da zwei wahre italienische Fußball-Cracks in die Klasse, verkündete er den anderen. Es war allenfalls die Kraft der Verzweiflung, die mich dazu trieb, in der ersten Sportstunde das erste Tor zu schießen. Danach war es vorbei mit meiner Fußballkarriere in der Klasse 6d.

In anderen Fächern lief es für mich besser, dachte ich zumindest. Doch schon nach wenigen Wochen nahm mich die gutmütige Deutschlehrerin beiseite und gab mir einen guten Tipp: »Es macht sich nicht gut«, sagte sie, »wenn man vor den anderen Schülern zu erkennen gibt, dass man mehr weiß als sie.« Ich weiß noch, dass sie im Unterricht gefragt hatte, was ein Kibbuz sei – und ich mich gemeldet hatte. Kurz darauf fragte mich ein ansonsten freundlich gesinnter Klassenkamerad während des Lateinunterrichts, ob es denn in Rom auch richtige Häuser gebe. Er stellte sich eine Stadt vor, die vor allem aus Kirchen, Säulen und Höhlen bestand.

Allmählich verstand ich, welches Bild die Deutschen von den Italienern hatten. Ich sah sie zum ersten Mal am Hauptbahnhof in Hannover, diese Italiener, die meine Landsleute waren. In Gruppen standen sie da, die meisten dunkel gekleidet, und unterhielten sich in Dialekten, die ich noch nie gehört hatte. Sie ähnelten immer noch jenen verloren wirkenden Gestalten aus Viscontis *Rocco und seine Brüder*, die der Zug aus Bari spätabends auf dem Mailänder Hauptbahnhof in die Großstadt entließ. Der eine oder andere von ihnen hatte einen rosafarbenen Fleck unter dem Arm – eine mindestens zwei Tage alte *Gazzetta dello Sport*. So oder so ähnlich sahen viele Deutsche die Italiener, und ich merkte bald, dass es viel Kraft kostet, sich nicht mit den Augen derer zu sehen, die auf einen herabblicken.

2   Wie fundamental sich Deutschland in fünfzig Jahren verändert hat, wird mir am besten durch einen Vergleich bewusst: Meine jüngste Tochter ist fünf Jahre alt und hat drei beste Freundinnen. Die Mutter der allerbesten Freundin ist Peruanerin, der Vater Deutscher. Die Eltern der zweitbesten Freundin sind Vietnamesen. Die drittbeste Freundin stammt aus Bosnien, beide Eltern sind vor etlichen Jahren von dort gekommen.

Als *ich* fünf Jahre alt war, also 1961, kannte ich, ebenfalls in einer niedersächsischen Provinzstadt lebend, keinen einzigen Ausländer, von den Menschen im Aussiedlerlager auf der anderen Straßenseite einmal abgesehen, die aber keine Ausländer waren, sondern uns nur wie solche vorkamen. Sie waren Deutsche, aus Polen oder der UdSSR gekommen, hier erst einmal für mehr oder weniger lange Zeit in schäbigen Baracken lebend. »Die Polen«, nicht selten auch »die Pollacken«, hießen sie überall. Dabei waren sie keine Polen, sondern eben von dort übergesiedelte Deutsche. (Oft waren sie nicht einmal aus Polen gekommen, sondern aus Russland, aber egal, sie blieben »die Polen«.)

Einige von ihnen waren meine Spielkameraden, und mit einem freundete ich mich sehr an. Er besuchte mich zu Hause. Bei ihm daheim zu spielen war schwer möglich, seine ganze Familie hauste in einem Zimmer, es roch immer nach Kohl, ein betrunkener Vater, nur mit Hose und Unterhemd bekleidet, schrie herum, eine überforderte Mutter schrie zurück. Meinen Kameraden mochte ich gerne, doch spürte ich, wenn er zu uns kam, dass meine Eltern ihn ungern im Haus haben wollten; ein seltsames, aber untrügliches Gefühl. Bevor das irgendwelche Folgen haben konnte, verließ er mit seiner Familie schon wieder das Lager und verschwand, ich weiß nicht, wohin.

»Die Baracken« hatten eine fremde, bedrohliche Präsenz für uns Kinder. Es gab dort eine ganze Weile einen älteren Jungen, der gebrochen Deutsch sprach und oft auftauchte, wenn wir im Park Fußball spielten. Er hatte dann ein, zwei Kumpane dabei, verwahrlost wie er, gebrochen Deutsch redend. Sie kickten einfach mit, ob wir wollten oder nicht. Wenn irgendetwas passierte, was ihnen nicht passte, wenn ein Tor gegen sie fiel oder einer sich angerempelt fühlte, schlugen sie einen von uns zusammen.

Wir hatten deshalb Angst vor denen aus dem Lager. Andererseits erschienen uns die Prügeleien nicht als etwas Ungewöhnliches. So etwas passierte damals, in den Sechzigerjahren, nicht selten. Auch auf dem Schulweg nahmen wir regelmäßig, wenn wir an einer bestimmten Straße vorbeikamen, die Beine in die Hand, mit den Jungens dort war ebenfalls nicht zu spaßen, wenn sie einen von uns erwischten. Das wussten wir aus Erfahrung.

Erst mit fünfzehn fuhr ich zum ersten Mal in ein anderes Land, nach Italien, in ein Ferienlager am Gardasee, geleitet von niedersächsischen Polizisten, die das ehrenamtlich in ihren Ferien machten. Die Kommissare konnten aber auch im Urlaub nicht von ihren Gewohnheiten lassen: Mehrere Male wurde ich regelrechten und sehr scharfen Verhören unterzogen, weil man mich Händchen haltend mit einem Mädchen erwischt hatte. Das war verboten, denn die Kommissare hatten panische Angst davor, eines der Mädchen könnte schwanger werden – und sie würden dafür zur Rechenschaft gezogen, weil sie ihrer Aufsichtspflicht nicht nachgekommen wären. Nur knapp entging ich der Heimreise.

Niemand sonst aus unserer Familie war je im Ausland gewesen, mein Vater natürlich ausgenommen, der als Soldat mit der Eroberung diverser Länder beschäftigt gewesen war – und für den danach jegliches Ausland immer etwas Bedrohliches hatte. Erst als Rentner wagte er, bedrängt von meiner Mutter, erstmals wieder eine Reise nach Frankreich, natürlich in einer Reisegruppe. Ich werde nie vergessen, wie sie mir von dieser Fahrt erzählten: Ein einziges Mal waren sie in der Normandie ohne ihre Gruppe unterwegs gewesen und hatten, weil sie einfach nicht wagten, allein ein französisches Restaurant zu betreten, bei McDonald's gegessen. Das kannten sie wenigstens aus Deutschland, von Besuchen mit ihren Enkeln.

Entschuldigung, doch, einer meiner beiden Patenonkel war in den Fünfzigerjahren einmal nach Italien gefahren, aus beruflichen Gründen. Die Firma, in der er arbeitete, produzierte Rechenmaschinen und zeigte sie auf einer Messe in Mailand, da war er drei Wochen lang dabei. Bis heute unterhält mein lieber Onkel die Familie mit den Schilderungen des Essens in Italien und den damit verbundenen technischen Problemen, bei Spaghetti natürlich und auch bei grünem Spargel, den er noch nie gesehen hatte. Der Kellner machte ihm schließlich vor, wie der zu essen sei, biss den Spargelkopf ab, sagte *buono* und ließ den Rest auf dem Teller liegen. Das kannte der Onkel nicht: dass man nur das Beste aß und etwas auf dem Teller ließ ... Er war froh, dass es in Italien auch Wiener Schnitzel gibt. Bloß heißt es eben nicht Wiener Schnitzel, sondern *cotoletta alla milanese*.

Es blieb sein einziger Auslandsaufenthalt, ein Leben lang.

Aber langsam kehrten italienische Lebensmittel bei uns ein, »Spachetti« zum Beispiel, wie meine Großmutter sagte, und »Matscheroni«, sehr viel später dann erst »Gnotschi«, so meine Mutter. Sie wurden gekocht und dann mit Ketchup übergossen, ein reines Kinderessen. Mein Vater rührte es nicht an.

Ich machte mich auf die Suche nach einem Stück Heimat in Hannover, aber ich fand nichts. Das Essen in den Pizzerien schmeckte anders als das in Rom, und die Kellner behandelten uns nicht wie Italiener. Einmal hörte mein Bruder, wie ein Pizzabäcker aus dem tiefsten Süden zu seinem Kollegen sagte: »Warum müssen uns diese Deutschen auch noch auf Italienisch anquatschen?« Wo es noch nicht schick war, machten die ersten italienischen Lebensmittelläden auf. Unweit des Steintors verkaufte eine Sardin Nudeln, Tomatenkonserven und billiges Olivenöl. Dazu gab es einen Imbiss; sie machte Panini mit Parmaschinken und Cappuccino. Im Hintergrund dudelte trostlose italienische Schlagermusik, die ich in Italien noch nie gehört hatte: *Mamma Leone*, gesungen von einem gewissen Bino, und *Tornerò* von I Santo California.

Ich fand die Heimat nicht, wenn ich an frühen Abenden durch die gepflegten Wohnviertel am Waldrand stromerte. Dann schaute ich über sauber geschnittene Hecken in stimmungsvoll beleuchtete Wintergärten, in denen Familien beim Abendessen saßen. Jedes Detail, das ich zu erkennen glaubte, schien mir unerreichbar weit entfernt zu sein, sogar der Obstsaft von Granini, der bei uns nie auf den Tisch kam, weil so ein Getränk für uns plötzlich zu teuer geworden war. Auch die deutsche Sprache, die wir in Italien zuletzt nur noch gesprochen hatten, wenn Verwandte aus Deutschland zu Besuch kamen, bot mir zunächst keine Heimat. Es reichte für eine Vier oder eine Drei minus in Deutsch, aber ich spürte die Ohnmacht, wenn ich versuchte, etwas genauer zu beschreiben, und mir die Worte fehlten.

Schon gar nicht fand ich die Heimat, wenn ich mich aus der Beamtenhochburg der Südstadt auf den Weg in die Stadt machte. »Die Stadt«, das stand plötzlich nicht mehr für Basiliken, Paläste und Piazze, so anheimelnd wie Wohnzimmer. Es beschrieb eine Ansammlung hässlicher Kaufhäuser, die »City« genannt wurde. Wo ein Stück Altstadt den Krieg überstanden hatte, gab es nur ein paar Fachwerkhäuser, innen längst entkernt und funktional gemacht, außen so sauber saniert, dass sie wie Kulissen eines Freizeitparks wirkten.

Natürlich habe ich auch gemerkt, wie gut ich es noch hatte. Immerhin hatte ich eine deutsche Mutter, eine Akademikerfamilie und einen ganz selbstverständlichen Zugang zum Gymnasium. Und das Gefühl, fremd im eigenen Land zu sein, kannte ich ja schon aus Italien. Dort hatten mir der italienische Vater und der italienische Name auch nicht geholfen; mein Bruder und ich waren wegen meiner Mutter immer *i tedeschini*, die kleinen Deutschen. Aggressivität habe ich in Italien allerdings selten zu spüren bekommen, auch nicht vor dem WM-Halbfinale zwischen Deutschland und Italien 1970 in Mexiko.

In Hannover war das plötzlich anders. Ich muss heute öfter daran denken, weil es mir manchmal so vorkommt, als litten wir im Alltag mehr an einem Übermaß an Korrektheit als an Fremdenfeindlichkeit. Ich bin zum Beispiel genervt, wenn ich mich wieder einmal sprachlich verrenken muss, um das Wort »Ausländer« zu vermeiden. Aber damals war es schlimmer. Am humanistischen Gymnasium waren mein Bruder und ich die einzigen Ausländer, und als ich nach einigen Jahren zum Schülersprecher gewählt wurde, gefiel das nicht jedem. Der Oberstudienrat, der sich rühmte, noch immer eine Panzerfaust halten zu können, und als alter Nazi galt, kommentierte meine Wahl vor versammelter Klasse mit den Worten: »Di Lorenzo, diesen Itaker, sollte man aufhängen.« Er hatte mich zwar noch keine einzige Stunde unterrichtet, hielt mich aber für einen ganz gefährlichen Revoluzzer.

Obwohl es genug Zeugen für den Vorfall gab, kostete es mich Überwindung, ihn beim Schulleiter anzuzeigen. Der Direktor äußerte vor allem die Sorge, dass hier etwas »aufgebauscht« werden solle. Doch das war für mich gar nicht das Schlimmste. Schlimmer war, dass ich, als ich ihm von der Beschimpfung erzählte, in Tränen ausbrach. Zu Hause habe ich kein Wort über die Geschichte verloren. Ich dachte, meine Mutter würde das nicht aushalten.

In den Monaten des Jahres 2010, in denen die furchtbaren Missbrauchsfälle an einigen der besten Schulen des Landes endlich öffentlich wurden, merkte ich, dass eine große, eine unbändige Wut in mir aufstieg. Ich konnte so gut nachempfinden, was ein Vierzehnjähriger fühlt, wenn der eigentliche Adressat seiner Klage, derjenige, der für Gerechtigkeit, ja für Strafe sorgen müsste, zum Komplizen des Täters wird, oder, wie im Fall des ehemaligen Leiters der Odenwaldschule, selbst derjenige ist, der sich an Kindern vergriffen hat. Die Schmähung durch einen alten Nazilehrer ist verglichen mit sexuellem Missbrauch ein geringes Vergehen. Aber ich spüre heute noch Ohnmacht und Trauer darüber, dass niemand da war, der Trost und Schutz geben konnte. Was mit einem anderen, nicht minder quälenden Gefühl einherging: Wenn mir so etwas passiert, dann bin ich vielleicht selbst daran schuld.

Die elfte Klasse musste ich wiederholen. Ich wechselte vom humanistischen auf ein neusprachliches Gymnasium, eine experimentierfreudige Lehranstalt, die im Vergleich zu der vorigen so antiautoritär wie Summerhill wirkte. Die meisten Lehrer und Schüler standen weit links. Auch hier war ich Schülersprecher und bei meinen neuen Mitschülern ziemlich beliebt. Aber es war ganz normal, dass ich vom Oberstufenkurs Gemeinschaftskunde gelegentlich mit einem kräftigen »Ausländer raus!« begrüßt wurde, wenn ich den Klassenraum betrat. Das hielt man für witzig. Und die linken Lehrer hörten weg. Ausgerechnet an dieser Schule tummelte sich eine kleine, aber in ihrem Auftreten besonders fiese Gruppe junger Neonazis. Einer von ihnen machte später eine rasante Karriere als rechter Terrorist. Wir Mitschüler bemerkten die Umtriebe durchaus, sie waren auch gar nicht zu übersehen. Aber ich kann mich an keine Schulstunde erinnern, in der wir uns mit den Nazis im eigenen Haus auseinandergesetzt hätten.

Als ich kurz vor dem Abitur stand, wurden meine ersten Artikel in der *Hannoverschen Neuen Presse* gedruckt; ich hatte mich längst für den Deutsch-Leistungskurs entschieden. Meine Mutter und mein Bruder gingen zurück nach Italien. Ich blieb. Denn ich hatte endlich eine Heimat gefunden: die Sprache. Es war ein schönes Gefühl.

Ich kenne sie, die gepflegten Wohnviertel am Stadtrand von damals, mit den sauber geschnittenen Hecken und den Jägerzäunen drum herum und den Familien, die man abends durchs Fenster sieht, wie sie beim Essen sitzen. Ich bin dort aufgewachsen. Es hätte, von

Hannover aus sechzig Kilometer weiter Richtung Osten, meine Familie sein können, die der Junge aus Italien beim Herumstromern sah.

Ich denke an dieses Elternhaus als einen Ort großer Geborgenheit. Wir Kinder waren tagsüber fast immer irgendwo draußen unterwegs, spielten in den Gärten, im Park, im Wald, auf der Straße, und abends wartete dieser Esstisch mit Wurst- und Käsebroten und Früchtetee, »Abendbrot« hieß das. Danach lag ich in meinem Bett und las.

Ein Idyll? Das war es nicht.

Mein Vater regte sich fast jeden Abend aus irgendeinem Grund auf über einen meiner Brüder, der nur wenig jünger war als ich und oft krank, verletzlich und eigensinnig, und dessen Schwäche der Vater schier nicht aushielt. Er begann zu schreien und zu toben, und es ist mir heute, als schrie und tobte er nicht wirklich über den Sohn, meinen Bruder, sondern eigentlich über sich selbst, seine eigene, vom Krieg her rührende Schwäche, seine Verletzungen und seine eigene, stets uneingestandene Angst. Schweigend nahmen wir das Gewitter entgegen. Je größer ich jedoch wurde, desto mehr stellte ich mich auch dem Vater entgegen, versuchte den Bruder in Schutz zu nehmen. Oft liefen wir im Streit auseinander von diesem Familientisch und jeder schwieg irgendwo unglücklich vor sich hin.

Mit zunehmendem Alter empfand ich eine Fremdheit gegenüber dieser Familie, dem Unausgesprochenen dort, dem Unerklärten und dem in Schweigen Erstarrten, eine unabänderliche Fremdheit, die mich heute traurig macht, weil ich jetzt glaube zu wissen, was meine Eltern bewegte oder eben gerade nicht bewegte, sondern bewegungslos machte. Und weil ich, da sie beide früh starben, nie mit ihnen darüber reden konnte. Allerdings weiß ich auch nicht, ob mir ein Gespräch gelungen wäre, hätten sie länger gelebt.

Die Vergangenheit existierte in dieser Familie oft wie hinter Milchglas. Ich hörte zum Beispiel als Kind meine Eltern in Ausdrücken reden, die ich nicht verstand. Sie beklagten, wenn ihnen etwas zu schnell ging, »diese jüdische Hast«, oder sie sagten, wenn man etwas wieder und wieder tun musste, üben zum Beispiel, man müsse es tun »bis zur Vergasung«. Ich kannte als Kind den Hintergrund dieser sprachlichen Wendungen nicht. Aber als ich ihn kennenlernte, als ich erfuhr, dass in Deutschland die Juden verfolgt und ermordet worden waren und dass der Krieg, der zweite nun schon in einem Jahrhundert, von Deutschland ausgegangen war – da spürte ich, dass das Land, in dem ich groß wurde, keines war, dem man sich einfach so zugehörig fühlen konnte, sondern dass man ihm misstrauen musste. Dieses Trennende wurde nicht geringer dadurch, dass es unendlich schwer war, mit den eigenen Eltern offen über diese Vergangenheit zu reden, sicher nicht, weil sie etwas zu verbergen hatten (meine Mutter zum Beispiel war bei Kriegsende 17), sondern weil sie selbst rat- und sprachlos waren.

Ich bin mitten in Deutschland geboren, mitten in Deutschland aufgewachsen, ich bin ein Deutscher. Aber ich dachte als Kind oft, es müsse schön sein, Franzose oder Italiener zu sein, Bürger eines Landes, in dem man sich einfach so, ohne jedes Wenn und Aber, geborgen und sicher fühlen konnte.

Ich wuchs also mit dem Gefühl einer Fremdheit gegenüber dem eigenen Land auf, einem unabänderlichen Misstrauen.

Als ich das Buch *Unser Jahrhundert* las, das lange Gespräch zwischen Helmut Schmidt und Fritz Stern, haben sich mir einige Sätze von Schmidt besonders eingeprägt:

»Ich habe ein dumpfes Gefühl im Bauch, dass es irgendwelche Gene gibt, die dabei eine Rolle spielen. (...) dass jemand in großer Zahl fabrikmäßig Menschen ermordet – das ist einmalig. Und das ist für mich der Grund, weshalb mir mein eigenes Volk nach wie vor ein bisschen unheimlich ist. Mein Vertrauen in die Deutschen ist nicht unbeschränkt groß, muss ich bekennen ... Man kann das Wort Gene von mir aus ersetzen und sagen, dass es irgendeine Veranlagung gibt. Das kann man machen, dann ist die Konnotation, die mit dem Wort Gene verbunden ist, vermieden. Aber das Rätsel bleibt, was die Deutschen hier gemacht haben.«

Ist das irgendwo sonst auf der Welt denkbar: dass ein ehemaliger Regierungschef sagt, sein eigenes Volk sei ihm unheimlich?

5  Gab es Zeiten, in denen ich diesem Land wirklich nah war, in denen ich es mochte? In denen ich also nicht nur *dachte*, dass dies mein Land ist, ein schönes Land? Sondern in denen ich das *fühlte*?

Das waren die Jahre, in denen die DDR zerfiel und ich, kaum waren Mauer und Grenzzaun weg, Rucksack und Tasche in den Kofferraum meines Autos warf, um loszufahren und mit Leuten zu reden, die plötzlich, nach mehr

als vierzig Jahren Sozialismus, ihr Leben neu suchen, erfinden, gestalten mussten. Ich war, als Zeitungsreporter, gepackt davon, in etwas ganz und gar Fremdem das sehr Vertraute zu entdecken, und es begeisterte mich, dass es möglich war, nun hinter diese Zonengrenze zu blicken, die für mich als Kind das Ende der Welt gewesen war. Nie zuvor und nie danach habe ich eine solche Offenheit von Menschen irgendwo in Deutschland erlebt, eine solche Bereitschaft, alles infrage zu stellen und über alles zu reden. Nie zuvor und nie danach habe ich so viele imponierende, anrührende, aufregende, ergreifende, ehrliche, anständige Geschichten über mein Land gehört.
– Siegfried Malaschewski, den ich in Hötensleben traf, einem Dorf in Sachsen-Anhalt. Der war als Dreijähriger zusammen mit Bruder und Schwester, schließlich sogar ganz allein aus Ostpreußen nach Westen gewandert, ohne die Mutter, die bei seiner Geburt gestorben war, und ohne den in Kriegsgefangenschaft geratenen Vater, zuerst mit einem Köfferchen in der Hand, dann ohne dies, ein russischer Soldat hatte es ihm abgenommen. Er landete in verschiedenen Heimen in der DDR (keine schöne, eine prügelreiche Zeit), schließlich in jenem Hötensleben, wo er Pflegeeltern bekam, nur einige Hundert Meter von der Zonengrenze und später vom Todesstreifen und vielleicht dreißig Kilometer von der Stadt entfernt, in der ich aufwuchs, bloß eben auf der anderen Seite der Grenze. Er blieb in der Ostzone, er verließ auch die DDR nicht, obwohl das möglich gewesen wäre – warum? Er habe das nicht geschafft, sagte er, diesen einen einzigen weiteren Schritt habe er nicht mehr geschafft, so froh sei er gewesen,

nach der großen Wanderung irgendwo angekommen zu sein. Aber er fand eine Frau, er hatte eine Familie, ein kleines Haus mit einem Garten.

– Der Mann, so Mitte fünfzig, mit dem ich auf einem Parkplatz beim früheren Grenzkontrollpunkt Marienborn ins Gespräch kam, ein kleiner dünner Kerl mit zwei blutigen Rasiernarben am schon faltigen Hals. Der erzählte mir von seiner Zeit als Soldat in der Nationalen Volksarmee und wie sie 1968, während der »Tschechenkrise«, in Alarmbereitschaft versetzt worden waren. Neunzig scharfe Schuss habe jeder von ihnen bekommen und damit ein plötzliches Gefühl der Macht: Den eigenen Offizieren habe man mit einem Mal die Angst angemerkt, einer könne aus Wut über all die Schikanen mal einen von ihnen umlegen. Und ich dachte: Mit dem hier hättest du dich, wenn die Geschichte anders gelaufen wäre, im Krieg befinden können, und er hätte auf dich geschossen und du auf ihn.

– Der Protokollchef des Außenministeriums der DDR, den ich kurz vor dem 3. Oktober 1990 beim letzten Empfang für das Diplomatische Corps in Ostberlin traf, ein kleiner Mann, der Deutsch mit einem leichten französischen Akzent sprach, das muss man sich mal vorstellen, in der DDR. Er war als Diplomat in Guinea und Kongo-Brazzaville gewesen, und nun hatte er einen traurigen Blick, denn es war sein letzter Arbeitstag. Er wollte nicht als Letzter den Saal verlassen, »ich möchte hier nicht der Saalschließer sein«, sagte er, stieg unten in den Fonds eines dunkelblauen Lada und ließ sich noch einmal davonfahren, ein letztes Mal.

– Der Kohlenhändler Braun, den ich ein paar Mal in Ostberlin traf, in der Prenzlauer Allee, Ecke Sredzkistraße, auf einem kleinen, mit Kohlenschmiere vollgesogenen Areal, auf dem Kopf eine schwarze Lederkappe, darunter die schwarzen drahtigen Haare zur Seite stehend. Immer wieder erklärte er mir mit rußumwölktem Haupt, wie sehr ihm die neue Freiheit gefalle, wie sehr er aber auch nun, in der Marktwirtschaft, gegen große Konzerne um preiswerte Kohle für seine Kunden kämpfen müsse. Als eines Tages die Kohlenhändler deswegen streikten, wurde er sogar von SAT.1 interviewt. »Da konnte man seine Meinung sagen, ohne hintaher vahaftet zu werden«, sagte er. »War jut.«

Ich hatte plötzlich das Gefühl, im interessantesten Land der Welt zu leben, und entdeckte, dass eben dies das Bemerkenswerte an Deutschland ist: die Brüche, die Umwälzungen, das Widersprüchliche – und wie man damit umgegangen ist.

Ich fand auch heraus, dass ich Heimatgefühl und Nichtfremdsein nicht mit Landstrichen, Städten, Stimmungen verbinde, sondern mit diesen Geschichten und mit der Sprache, in der sie erzählt wurden und erzählt werden müssen.

Wenn es um Ausländer geht, schwanken die Deutschen zwischen zwei Extremen: Da ist zum einen eine Art Verklärung, die sie manchmal blind macht selbst für die offensichtlichsten Fehlentwicklungen in den verschiedenen Einwanderergruppen, zum anderen aber eine verletzend wirkende Gleichgültigkeit.

Besonders gerne redet man sich den Italiener schön. Man kennt ihn in Deutschland fast ausschließlich in seiner Erscheinungsform als Wirt oder Kellner. Dabei hat er sich seiner Umgebung hier oft schon so weit angepasst, dass er mit Italienern in Italien kaum noch verglichen werden kann: Überschwänglich radebrechend begrüßt er seine Gäste, die er mit Komplimenten überhäuft. (In Italien würde man das als eher kauzig ansehen.) Froh gestimmt unterstützt er den Weinkonsum seiner Gäste, die wie festgewurzelt im Lokal sitzen. (In Italien kommt es auf schnellen, effizienten Service an, und viel zu trinken ist absolut verpönt.) Er spielt den Romantiker und läuft den Damen, die das Lokal verlassen, noch mit einer Rose hinterher. (Der Italiener ist aber in Wahrheit, es tut mir leid, das zu sagen, durch und durch unromantisch; er ist ein nüchtern kalkulierender Pragmatiker.)

Jedenfalls gelten Italiener schon lange nicht mehr als »Gastarbeiter«, jeder hält sie für besonders gut integriert. Das stimmt aber nur zum Teil. Der Anteil an Sonderschülern zum Beispiel ist in keiner anderen ethnischen Gruppe in Deutschland so hoch wie unter italienischen Kindern. Darüber zu reden, ist aus Gründen falsch verstandener Toleranz immer noch ein Wagnis. So weit ist das Pendel inzwischen auf die andere Seite ausgeschlagen.

Dabei hilft ein Übermaß an Rücksicht den Italienern im Ausland gar nichts. Viele Familien tragen selbst dazu bei, dass ihre Kinder keine Chance in der Schule haben: Sie reden mit ihnen zu Hause nur Italienisch, dank Satellitenschüssel laufen in vielen Haushalten überwiegend italienische Fernsehprogramme, und in den Ferien werden die Kinder regelmäßig nach Italien geschickt. Das hören auch viele Italiener nicht gerne, aber es ist so.

Und wahr bleibt auch das Grundprinzip der Einwanderung: Sie tut so oder so weh, und Linderung verspricht nur die Aussicht darauf, sich selbst, spätestens aber seinen Kindern durch eigene Tüchtigkeit eine bessere Zukunft zu ermöglichen.


Auf der anderen Seite ist da diese Gleichgültigkeit. Neulich sprach ich bei meinem Italiener um die Ecke mit einer Kellnerin, die jung und sehr tüchtig ist. Sie spricht fast noch besser Italienisch als Deutsch, ist aber keine Italienerin, sondern Rumänin. Das merken die meisten Gäste nicht – und sagen deshalb gerne solche Sätze zu ihr: »Ach, Sie sind Italienerin, das ist ja schön! Aus welcher Gegend kommen Sie denn?« Das ist freundlich gemeint. Dann antwortet sie: »Ich bin keine Italienerin, ich komme aus Rumänien.« Die Kellnerin hört dann verlegen gesprochene Sätze wie: »Rumänien – auch schön ...« Sie glaubt dann, Enttäuschung und auch Geringschätzung in den Gesichtern lesen zu können, sie sagt: »Wie ich diesen Moment hasse!« Manchmal besteht Integration nur aus ein paar Worten, aber die fallen offenbar schwerer als die Bereitstellung von Sprachkursen oder Geld.

**8** Wie gesagt, die Deutschen lieben ihren »Italiener«. Das Lokal, das ich jetzt vor Augen habe und von dem ich erzähle, ist in einer deutschen Großstadt zu finden. Es wird besonders gern vom örtlichen linken Establishment besucht. Die Gäste sind nett und freundlich zum Personal und kritisch, was das Essen angeht. Warum aber fallen ihnen die beiden Kellnerinnen nicht auf? Nun ja, auffallen tun sie ihnen eigentlich schon, weil sie besonders fürsorglich und hilfsbereit sind. Und schön anzuschauen sind sie auch. Aber niemand scheint sich für ihre Geschichte zu interessieren, obwohl die Kellnerinnen seit Jahren für den italienischen Wirt arbeiten.

Die beiden sind Schwestern. Kaum volljährig geworden, kamen sie aus Sofia in die deutsche Großstadt, zunächst als Touristinnen, aber sie wollten in Deutschland arbeiten. Bulgarien war damals noch kein EU-Land, deshalb führten die jungen Frauen zunächst ein Leben als Illegale. Sie hatten keinen Arbeitsvertrag, keine Krankenversicherung und keinen Rückweg in ihre Heimat, ständig fürchteten sie, von einer Polizeistreife aufgegriffen zu werden. Als ihr Vater schwer erkrankte, trauten sie sich aus Angst, nicht wieder nach Deutschland zurückkehren zu können, nicht nach Hause. Das brach ihnen fast das Herz. Und als der nette Italiener sich einmal vor einer behördlichen Kontrolle fürchtete, bat er eine der Schwestern, doch eine Zeit lang lieber nicht zur Arbeit zu kommen, er werde sie trotzdem bezahlen. Sie hat das Geld nie bekommen.

Schließlich fanden die beiden doch noch einen Weg,

zu einer Aufenthaltsgenehmigung zu kommen: Sie gingen Scheinehen mit Deutschen ein. Ihre kargen Erzählungen lassen einen Abgrund der Bitterkeit und Demütigung erahnen: Das sauer verdiente Geld für die Hochzeit, die Erpressungen durch den falschen Ehemann, wohl auch die Abwehr sexueller Nötigungen. Erst die Aufnahme Bulgariens in die EU brachte den Schwestern eine Verbesserung. Mögen die beiden dieses Land, in dem sie einen so hohen Preis bezahlen mussten? Die Jüngere sagt: »Ich kenne es kaum.« Inzwischen ist auch der ältere Bruder aus Sofia in die deutsche Stadt gekommen. Die jüngere Schwester verfolgt unbeirrt ein Ziel: Eines Tages will sie ihr eigenes Restaurant aufmachen, »alles ganz legal«.

Im Mai 2009 trat ein Abkommen zwischen Italien und Libyen in Kraft. Es besagt, dass afrikanische Flüchtlinge, die vor den Küsten Italiens aufgegriffen werden, von der italienischen Polizei, später auch von italienisch-libyschen Patrouillen, ohne Prüfung jeglichen Asylbegehrens abgewiesen und in Gaddafis Libyen abgeschoben werden können, nicht einmal eine oberflächliche medizinische Prüfung ist mehr vorgesehen. Ein italienischer Polizist hat versucht, gegenüber der Zeitung *la Repubblica* sein Gewissen zu erleichtern: Nie zuvor in seinem Leben habe er eine so grausame Aufgabe erfüllen müssen, nie werde er den Mut aufbringen, seinen Kindern davon zu berichten, dazu schäme er sich zu sehr. Männer und Frauen aus Nigeria, Somalia oder Äthiopien, von der Reise komplett entkräftet, hätten ihn und die anderen Polizisten angefleht und um Gnade gebettelt: »Helft uns, Brüder!« oder: »Italiener sind doch gute Menschen!« Aber die Polizisten halfen ihnen nicht.

Fabrizio Gatti, ein Meister der investigativen Recherche, der für das Magazin *L'Espresso* schreibt, hat dokumentiert, was den abgeschobenen Flüchtlingen in ihrer Heimat blüht: Sie werden in Libyen in Lager gesteckt, die sich jeder internationalen Kontrolle entziehen und in denen Misshandlungen, Folter und Vergewaltigungen offenbar an der Tagesordnung sind. Es spricht auch einiges dafür, dass Flüchtlinge in der Wüste ausgesetzt werden, wo sie qualvoll verenden. Gatti hat ebenfalls dokumentiert, was mit jenen passiert, die es tatsächlich schaffen, im gelobten Land zu bleiben: Erst haben sie die erniedrigende Erfahrung des Auffanglagers auf Lampedusa zu überstehen, in das Gatti sich einmal, als Flüchtling verkleidet, eingeschleust hat. Und auch danach tut Italien alles, um diesem zeitweilig großen Ansturm zu widerstehen. Man könne, da würden wahrscheinlich alle anderen westeuropäischen Staaten ähnlich argumentieren, keine Masseneinwanderung von Illegalen verkraften.

Dafür gibt es mit Blick auf den inneren Frieden der jeweiligen Länder auch gute Gründe. Das Verlogene aber ist: Diese illegalen Einwanderer halten die italienische Wirtschaft in Gang. Für Hungerlöhne, rechtlos und in ständiger Angst, helfen sie im Süden bei der Tomatenernte, schuften in den kleinen und mittleren Betrieben des Nordens, putzen Büros und spülen – auch in Deutschland oft zu besichtigen – in Restaurants die

Teller. Man kann sagen: Wenn afrikanische Migranten ganz großes Glück haben, die Überfahrt überleben und das Auffanglager überstehen, dann blühen ihnen lange Jahre als Arbeitssklaven.

Gegen diese Doppelmoral, gegen diese Ausbeutung müssten wir eigentlich jede Woche eine Lichterkette organisieren, und zwar hier in Deutschland, denn es ist auch unsere, die europäische Grenze zu Afrika, an der diese Dinge geschehen. Es kümmern sich aber nur ein paar Unentwegte wie Fabrizio Gatti oder *Human Rights Watch*.

Wir wollen zu oft nicht wirklich wissen, worauf unser schönes, sattes Leben basiert. Wir wollen gut sein, aber in Wahrheit geht es oft nur darum, uns gut zu fühlen. Wir regen uns über den diskriminierenden Unterton des Wortes »Ausländer« auf – und bestellen bei der netten Rumänin, die sich beim Italiener um die Ecke verdingt hat, Rucola mit Pinienkernen und Parmesan, Fettuccine mit Scampi und Kirschtomaten.

# Mein Glaube an den Untergang

*oder*

Warum ich früher in die Kirche ging
und heute auf den Wertstoffhof

**1** Als ich klein war, schauten wir bei unseren Spaziergängen an der »Zonengrenze« oft hinüber in die DDR, ein zugleich sehr nahes und weit entferntes Land; wir sahen die Soldaten, den Zaun, die Patrouillen. Wenn ich meine Großmutter besuchte, betrachtete ich auf ihrer Anrichte das Foto ihres ältesten Sohnes, meines Onkels, der Bruder meines Vaters. Sie erzählte mir von ihm. Er war Bäckergeselle gewesen und am Ende des Kriegs »gefallen«, wie das immer hieß. Wir spielten im Wald, wo es seltsam kreisrunde Teiche gab, mit Wasser gefüllte Bombentrichter, die britische Flugzeuge nach ihren Angriffen auf Braunschweig verursacht hatten, indem sie jene Bomben, die sie über der Stadt nicht abwerfen konnten, in die Wälder fallen ließen. Wir hörten am Samstagmittag die Sirenentests und lernten den Unterschied zwischen »Fliegeralarm« und »Entwarnung«. Und wir sahen, wenn wir in die Stadt fuhren, noch viele Jahre lang die Ruinen der Häuser, die im Krieg zerstört worden waren.

Ich bin Anfang 1956 geboren, nicht mal elf Jahre nach Hitlers Tod.

Mein eigener Vater hatte nur ein Auge und eine Wunde am Bein, die sein Leben lang nie heilte. Die Haut dort sah aus wie die Fäule eines Apfels, braun, und manchmal entzündete sie sich, dann war sie rot. Der Vater fluchte und umwickelte die Stelle mit einer fleischfarbenen Elastikbinde. Läuse hatten im Krieg an einer Schusswunde gefressen, das heilte nie, und Vater trug deshalb den Rest seines Lebens den Krieg als offene Wunde mit sich herum, die mal schmerzte, mal nicht.

1968, ich war zwölf Jahre alt, verbrachten wir den Sommer an der Ostsee, und weil meine Eltern kein Auto hatten, kam mein Onkel mit seinem Volkswagen, um uns abzuholen.

Kaum saßen wir im Auto, sagte der Onkel: »Habt ihr schon gehört?«

»Was?«

»Der Russe ist in der Tschechei einmarschiert.«

Nie werde ich die Stille vergessen, die entstand, und die Frage meiner Mutter in diese Stille hinein: »Gibt es jetzt Krieg?«

Und das erneute Schweigen.

Die Antwort meines Vaters: »Tja...«


Einmal, bei der Bundeswehr, das muss 1975 gewesen sein, wurden wir nachts mit Alarmrufen aus dem Schlaf gescheucht. Wir schlüpften in unsere Kampfanzüge, rannten auf den dunklen, kalten Kasernenhof und traten in Reih und Glied an.

Ein Oberfeldwebel baute sich vor uns auf. Seine Zunge war ein wenig schwer, aber das bemerkte ich nicht gleich, und wenn ich es bemerkt hätte ... Warum hätte sie auch nicht schwer sein sollen? Es war ja mitten in der Nacht.

Der Oberfeldwebel schrie.

»Männer!«, schrie er, »der Russe« sei vor zwei Stunden wieder, wie schon 1968, »in die Tschechei« einmarschiert. Wir hätten Befehl, unsere Panzer gefechtsbereit zu machen. Und wir würden nun, bevor wir abmarschierten, scharfe Munition aufnehmen, dann unsere Verfügungsräume beziehen.

Der Ernstfall sei da.

Ungefähr eine halbe Stunde lang hatte ich Angst, dass nun auch ich einen Krieg erleben würde, einen Weltkrieg, so wie mein Großvater und mein Vater Weltkriege erlebt hatten. Ich zitterte und wusste nicht, wie ich dieser Angst Herr werden sollte, mitten in der Nacht, mit dem Panzer in irgendeinen Wald zu fahren, die Bunker voller Munition, die wir würden verschießen müssen, irgendwann auf irgendwen, und ich konnte nicht mal meine Eltern noch anrufen vorher.

Nach dieser halben Stunde mussten wir wieder in Reih und Glied antreten. Der Oberfeldwebel trat vor uns hin und schrie: »Alarmende!« Und nun erst fiel mir auf, wie schwer ihm das »Allllarm« von der Zunge kam. Die Unteroffiziere hatten getrunken. Dann hatten sie sich einen Spaß gemacht.

Im Jahr 1984 war ich zum ersten Mal auf einer Lesereise, ich hatte ein Buch über einen jungen Rechtsterroristen geschrieben. In den großen Städten, in Wien und München zum Beispiel, war das Echo noch ganz erfreulich, in der deutschen Provinz aber machte ich eine niederschmetternde Erfahrung: Kaum jemand wollte mir zuhören. In Pforzheim saßen nur acht Leute vor mir, die Buchhandlung verlegte die Veranstaltung in einen kleineren Nebenraum, und noch bevor ich zu lesen begann, stellte sich heraus, dass sich eigentlich bloß sieben Pforzheimer für mein Buch interessierten. Der Achte war nur gekommen, weil er sich im Kalender vertan hatte: Er erwartete Heiteres aus einem Kochbuch.

Besonders bedrückend war der Abend aber auch noch aus einem ganz anderen Grund. Als wir nach der Lesung eine Weile bei Wein und einem Imbiss beisammensaßen, erzählte eine Frau, die sich als Erzieherin vorgestellt hatte, wie sehr es ihr Lebensgefühl und das der ihr anvertrauten Kinder trübe, dass am Ende des Jahrzehnts in Deutschland kein einziger gesunder Baum mehr stehen werde, aller Wald werde dann gestorben sein, das sei gewiss.

Niemand widersprach dieser Einschätzung, alle schienen sich bereits in ihr Schicksal ergeben zu haben, und für mich war die Prognose noch bestürzender als die Aussicht, noch einmal in einer wie ausgestorbenen Buchhandlung auftreten zu müssen.

Umso erstaunter war ich, als ich nur wenige Monate später einen bayerischen Adligen kennenlernte, der etwas ganz anderes behauptete. Seine Familie hatte südlich von München über Generationen ein Schloss, ein ganzes Dorf und Hunderte Hektar Wald und Wiesen besessen. Schloss und Dorf waren im Laufe der Geschichte verloren gegangen, aber die Ländereien waren weiter in unveränderter Pracht in ihrem Besitz. Dieser Aristokrat, der Biologie studiert hatte, erzählte, als ich mit dem Thema »Waldsterben« anfing, dass bereits sein Großvater und sein Vater von gravierenden Waldschäden berichtet hätten. Zwar könne kein vernünftiger Mensch bestreiten, dass in der Nähe von Industrieanlagen mit hohem Giftausstoß Wälder leiden würden – aber was er in seinen Wäldern feststelle, seien normale, zyklisch auftretende Beschädigungen.

Ich aber hielt damals die Alarmmeldung der Erzieherin aus Pforzheim für glaubwürdiger als die Beobachtungen des Waldbesitzers. Wir waren ja von apokalyptischen Nachrichten dieser Art geradezu angefixt.

4 Der Höhepunkt all dieser Untergangsfantasien: Das Reaktorunglück von Tschernobyl am 26. April 1986. Ich war in der Redaktion der *Süddeutschen Zeitung*, als die ersten Meldungen dazu eintrafen und sich das Gerücht einer größeren Katastrophe langsam (es gab ja noch kein Internet) verbreitete. Zuerst stand, am 29. April, nur eine kleine Meldung im Blatt, wonach in Skandinavien erhöhte nukleare Strahlung festgestellt worden war; unklar bloß, woher die kam. Erst im Laufe des Abends gab es Nachrichten, dass es in einem sowjetischen Reaktor einen Unfall gegeben hatte.

Für unsere Fantasie, was daraus werden könnte, gab es keine Grenzen. In Anwesenheit eines den Kopf wiegenden und immer wieder schwer aufseufzenden Wissenschaftsredakteurs malten wir uns aus, wie es wäre, wenn es zum Durchschmelzen des Reaktors auf die andere Seite der Erde käme. Nicht einmal den Untergang des Gesamtglobus schlossen wir in diesen Stunden komplett aus. In düsterster Stimmung standen wir auf dem Redaktionsflur, ich war gerade aus einer kleinen Konferenz mit dem erwähnten Wissenschaftsexperten gekommen, als sich ein anderer Kollege näherte, der nach dem Stand der Dinge fragte. Ich schilderte ihm, was ich gehört hatte – und er, ein lebensfroher (und kinderloser) Single von damals etwa 35 Jahren, sagte: »Ja, nun, wenn es so kommt, dann kommt es eben so. Ich habe mein Leben gelebt.«

Vier Wochen zuvor war mein ältester Sohn zur Welt gekommen. Wir wohnten damals auf dem Land, in einem alten Bauernhaus, es war ein herrlicher Frühling, die Tage waren warm, der Himmel oft blau, die Sonne schien, die Natur explodierte geradezu. Aber wir gingen mit den Kindern nicht mehr vor die Tür. Wir verboten der anderthalb Jahre alten Tochter, in der Sandkiste vor der Tür zu spielen. Und die Großeltern, die gerade eingetroffen waren, um den neuesten Enkel in Augenschein zu nehmen, wurden angewiesen, sich wie alle anderen die Schuhe draußen vor der Tür auszuzuziehen, damit die schrecklichen Cäsium-Atome aus der Ukraine wenigstens nicht ins Haus gelangten (wo die Kinder auf dem Boden spielten), eine Instruktion, an die sich mein Vater – ohne jedes Verständnis für unsere Panik – praktisch nie hielt, weil er einfach nicht verstand, wieso wir uns wegen unsichtbarer Teilchen in der Luft dermaßen aufführten. Aber wir dachten nur noch daran, wie sich das nur sehr langsam zerfallende Cäsium-137 im menschlichen Körper festsetzt, wir dachten an Leukämie, wir kauften H-Milch, die noch vor dem Unfall produziert worden war, wir sahen im Fernsehen den bayerischen Umweltminister Dick, der größere Mengen Molkepulver in sich hineinlöffelte und das mit dem Satz »Des tut mir nix« kommentierte, um zu beweisen, dass jenes Pulver nicht atomar verseucht sei, wie wir alle glaubten. (In der Tat überlebte Dick die Aktion um fast neunzehn Jahre.)

Und wenn wir das herrlich leuchtende Frühlingswetter draußen sahen, dachten wir nur: Strahlung, Strahlung, Strahlung ...

5   Ich erinnere mich an die Krisensitzungen meiner Redaktion beim *Bayerischen Fernsehen*, für das ich damals eine Jugendsendung moderierte. Wir bereiteten eine Livesendung vor. Der Autor, der das Material dafür recherchierte, brachte uns mit der Nachricht auf die richtige Betriebstemperatur, er habe am Vortag seine Freundin auf eine spanische Insel ausfliegen lassen; es hieß, dass die radioaktive Strahlung sich dort nicht ganz so verheerend auswirken würde.

Der Clou der Sendung war ein Geigerzähler, mit dem wir immer wieder um die Halle liefen, in der unser Studio lag. So wollten wir den Zuschauern die Bedrohung veranschaulichen. Das Gerät klackerte hysterisch über jedem Grasbüschel, und selbst wenn an diesem Abend auch kundige und beruhigende Wissenschaftler zu Wort kamen, so ist mir in der Erinnerung doch nur dieser Zähler haften geblieben, der wie eine Wünschelrute war.

Vielleicht ist unsere Generation die glücklichste, die je in Mitteleuropa gelebt hat: im beginnenden Wohlstand der Nachkriegszeit geboren, Bürger der ersten stabilen Demokratie in Deutschland, nie einen Krieg erlebt, nie Hunger gelitten, keine Seuchen gekannt …

Aber auf eine seltsame Art sind wir mit der Apokalypse im Nacken aufgewachsen. Immer war und ist da, als Schatten hinter dem täglichen Leben, etwas zutiefst Bedrohliches gegenwärtig, das nie Wirklichkeit wurde. Immer drohte und droht irgendetwas: der Dritte Weltkrieg, das Waldsterben, Ozonloch, Nuklearraketen, Atomkraftwerke, Aids, SARS, BSE, Vogel- oder Schweinegrippe, der Zusammenbruch des Euro, Inflation, von kleineren Desastern ganz zu schweigen, irgendwelchen Killerbienen oder Nematoden im Frischfisch.

Tausend Gefahren, tausend Debatten, immer wieder neu geführt, und tausendmal ist nichts passiert.

Na ja: nichts? Tschernobyl war eine gigantische Katastrophe. Aber das Weltende, das wir uns ausfantasierten, war es nicht.

Woran liegt es, dass wir immer wieder so große Angst haben, ja, dass statt realer Seuchen regelrechte Angst-Epidemien übers Land gehen? Kommt das daher, dass unsere Eltern die reale Apokalypse schon miterlebt hatten, dass sie von ihrer Generation verursacht wurde, dass uns also quasi in den Genen steckt: Es gibt die Möglichkeit, dass jederzeit wieder alles zerstört wird – und wir wären dann schuld?

Oder ist es vielleicht so, dass diese Angst nützlich ist? Hat nicht zum Beispiel der Katalysator den sauren Regen reduziert und so dem deutschen Wald geholfen? Hat nicht die Entdeckung des Ozonlochs zur weltweiten Einschränkung von FCKW geführt und so das weitere Wachsen des Lochs verhindert? Hat also der Alarmismus nicht auch dazu beigetragen, dass keine der gruseligen Befürchtungen wahr geworden ist? Weil er zu größtmöglicher Wachsamkeit, zu einer Sensibilisierung für die Gefahren geführt hat – und am Ende alles Menschenmögliche getan worden ist, um zu verhindern, dass aus diesen Gefahren Realität wurde? Ist es also nicht sogar ein bisschen billig, sich über die permanente Aufgeregtheit lustig zu machen, einfach weil man nur mit permanenter Anspannung der vielen Gefahren Herr werden kann?

7 Diese Geschichte mutet vielleicht zu witzig an für ein Kapitel, das sich mit dem Untergang der Menschheit befasst. Und doch gehört sie unbedingt dazu. Sie hilft nämlich, eine Frage zu beantworten, die ich mir selbst immer wieder stelle: Sind Bedürfnisse und Begehrlichkeiten in unserer Gesellschaft genau steuerbar? Und wenn ja, können dann auch unsere Ängste genauso von außen beeinflusst werden? Den Hauptdarsteller habe ich anonymisiert, aber jedes Wort ist wahr, auch wenn es gelegentlich so klingt, als habe ein Verschwörungstheoretiker seiner Fantasie

freien Lauf gelassen. Wichtig ist mir anzumerken, dass der Mann, den ich beschreibe, ein ausgeprägtes soziales Gewissen besitzt und gesellschaftliche Prozesse bisweilen weit kritischer begleitet, als man es heute vielen Managern unterstellt.

Es war schon spät am Abend, als dieser Mann, einer der herausragenden und auch fähigsten Wirtschaftsführer in Deutschland, sich an die erste größere unternehmerische Leistung seines Lebens erinnerte. Im Salon seines Hauses prasselte das Kaminfeuer, ein schwerer Rotwein begleitete die Erzählung.

Er war Anfang zwanzig und bereitete sich auf seine Promotion vor, als ein Professor, der nebenbei ein florierendes Marktforschungsinstitut betrieb, versuchte, ihn für einen Job zu gewinnen. Der junge Mann war zunächst skeptisch. Er fürchtete, sich in der Wirtschaft furchtbar zu langweilen. Der Professor aber versprach, ihm diese Angst schnell nehmen zu können.

Bald darauf trafen sie sich mit ihrem ersten Kunden, einem großen Tierfutterhersteller, der ein kleines Problem hatte, wie ein aufgeplusterter PR-Mensch mit französischem Akzent den beiden erläuterte: Das Unternehmen hielt 80 Prozent Marktanteil, wollte aber seinen Absatz deutlich erhöhen.

Nun ist ein solch hoher Marktanteil in der Regel nicht mehr zu steigern; der junge Mann war also ratlos. Sein Professor aber zeigte auf ihn und sagte dem PR-Menschen: »Der Herr hier wird Ihnen ein *Proposal* ausarbeiten.«

Der junge Wissenschaftler lernte schnell. Er versuchte, die Aufgabe »logisch« anzugehen. Das ging so:

Ein so großes, marktbeherrschendes Unternehmen wie der Tierfutterhersteller kann seinen Umsatz nur erhöhen, wenn es entweder die Preise anhebt – oder wenn der Markt selbst wächst, die Nachfrage nach Hundefutter also steigt. Diese Nachfrage wiederum steigt nur, wenn sich mehr Menschen für die Anschaffung eines Hundes entscheiden, und zwar am besten eines großen Hundes, weil der besonders viel frisst. Die Bundesrepublik hatte damals, zu Beginn der Achtzigerjahre, eine der geringsten Hunde-Dichten in ganz Westeuropa.

»Damit«, sagte der Manager, »war der Logikbaum für mich komplett.«

»Was haben Sie getan?«

»Ganz einfach: Ich machte mich auf die Suche nach wissenschaftlichen Studien, die die Vorzüge der Hundehaltung unter Beweis stellten.«

Er verschwand für längere Zeit in den Bibliotheken von Göttingen und Münster und stellte fest, dass es viel brauchbares Material gab: Die therapeutische Wirkung von Hunden auf kranke Kinder zum Beispiel war eindeutig belegt. Ebenso positiv war ihr Einfluss auf Rentner und Menschen mit Herz- und Kreislauferkrankungen; die Angehörigen beider Gruppen fühlten sich merklich gesünder, wenn sie einen Hund hatten, schon allein deswegen, weil sie zu mehr und regelmäßiger Bewegung gezwungen wurden. Auch Patienten mit hohem Blutdruck ging es besser, wenn sie regelmäßig einen Hund streichelten – vorausgesetzt natürlich, dass es kein Pitbull war.

Der junge Mann fasste die Erkenntnisse akribisch

zusammen, und bald darauf erschien, allerdings unter dem Namen seines Professors, erst eine Studie, dann ein Buch. Dieses Buch hatte unter wissenschaftlichen Gesichtspunkten nur einen kleinen Makel: Es betonte auffallend oft die heilsame Wirkung von großen Hunden, ein Befund, den die Quellen so nicht ganz hergaben.

Der PR-Mensch des Tierfutterherstellers war begeistert. Anderthalb Jahre fütterte er Journalisten mit den Informationen aus dem Buch. Manche Tageszeitungen druckten ganze Serien zum Thema, Kliniken initiierten Pilotprojekte mit Patienten. Das Ergebnis der Kampagne war messbar. Zwar nahm der Marktanteil des Auftraggebers, wie erwartet, nicht weiter zu, wohl aber der Umsatz. Denn die Deutschen kauften plötzlich mehr Hunde, vor allem große und sehr große Hunde.

»Das klingt wie aus einer Filmkomödie von Helmut Dietl!«

»So etwas passiert in der Wirtschaft täglich, da könnte ich Ihnen noch ganz andere Geschichten erzählen!«

Sein Professor hatte zuvor schon großes Aufsehen mit zwei Studien erregt, geschrieben natürlich im Auftrag großer Unternehmen. In der einen ging es um die Körperhygiene der Deutschen, in der anderen um die psychologische Wirkung von Brillen.

Eine Geschichte erzählte er noch. Sie spielt zu einer späteren Zeit, als der Manager für einen großen Medikamentenhersteller arbeitete. Ein Vorgesetzter gab ihm den Auftrag, ein ganz neues Mittel zu entwickeln, vielleicht für eine Krankheit, von der noch niemand wisse, dass es sie überhaupt gibt. Der Manager verstand zunächst nicht, was man von ihm wollte. »Denken Sie doch mal nach«, sagte der Vorgesetzte zu ihm. »Kennen Sie nicht auch Menschen, die in geschlossenen Räumen oder in engen Fahrstühlen plötzlich so ein mulmiges Gefühl bekommen? Na, fällt Ihnen dazu gar nichts ein? Man könnte das doch, sagen wir mal, ›Panikattacken‹ nennen.« So wurde kurzerhand eine neue Krankheit erfunden, und als die Menschheit über sie informiert wurde, hatte das Pharmaunternehmen zufälligerweise gerade das passende Medikament auf den Markt gebracht. Im Prinzip hätten 99 Prozent der Menschen schon mal ein solches Gefühl der Enge gehabt, erklärte mir der Manager, das sei auch gar nicht so schlimm. Nun aber gab es einen Namen für ein Krankheitsbild, das die Ärzte vorher gar nicht orten konnten – und sie verschrieben das neue Medikament.

8  Wenn aber in unserer hochnervösen, jederzeit hysterisierbaren Gesellschaft Bedürfnisse und Ängste steuerbar und für wirtschaftliche Interessen benutzbar sind, dann ist für den Einzelnen Wahrheit oft kaum noch erkennbar. Vermeintliche und wahre Bedrohungen sind schwer zu unterscheiden. Wir sind auf Rat angewiesen. Aber wem von denen, die uns raten, können wir trauen?

Man hat bisweilen das Gefühl, eine frei vagabundierende Angst in unserem Inneren suche sich immer neue Objekte. Es ist, als könnten wir ohne diese Angst gar nicht mehr leben, weil sie uns ein Gefühl für uns selbst verschafft. Gleichzeitig versuchen wir, sie aber auch immer wieder abzuschütteln, indem wir eine bisweilen absurde Sicherheitsgesellschaft geschaffen haben, eine »Kultur der Angst«, wie der britische Soziologe Frank Furedi das in einem Buchtitel genannt hat: *Culture Of Fear*.

Woher kommt diese tief sitzende Verunsicherung des Einzelnen, die fast jeder von uns täglich spürt? Furedi zufolge ist ihre Ursache ein Verlust von Kontrolle über das eigene Leben, zusammen mit dem Schwinden traditioneller, Sicherheit gebender Sozialstrukturen, Werte, Verhaltensnormen. Dafür suchen wir ständig Ersatz: Ratgeber, Therapeuten, Coaches. Der Einzelne traut dem eigenen Empfinden nicht, weil er kein eigenes Empfinden mehr hat. Die Angst, so Furedis Kernthese, habe in unserer Gesellschaft »ihr Verhältnis zur Erfahrung verloren«.

Die Folgen: ständige Delegation von Verantwortung, permanente Irritation, dauerhafte Überforderung. Furedi schreibt, dass in unserer fragmentierten Gesellschaft verschiedenster Lebensstile, ohne allgemein anerkannte moralische Grundwerte, ohne alte soziale Bindungen und auch ohne einen Konsens darüber, wohin sich unsere Gesellschaft entwickeln soll, die letzten verbindenden Elemente eben Angst, Pessimismus und Scheu vor riskanten Entscheidungen sind.

Zum Beispiel die Schweinegrippe 2009. Oberster Wert politischen Handelns war jede Risikovermeidung, zum Preis, dass man der Pharmaindustrie ein schönes Geschäftsmodell eröffnete. Das Prinzip ist überall zu finden, auf EU-Ebene führt es sogar dazu, dass im Hygienewahn die Vielfalt von regionalen Lebensmitteln zerstört wird, weil viele kleine Käsereien und Metzgerbetriebe übersteigerten Anforderungen nicht mehr entsprechen können – hier macht sich die Lobby der Lebensmittelindustrie die Angst zunutze, zerstört ihre Konkurrenz und macht gleichzeitig etwas Sinnvolles kaputt: die Produktion gut schmeckender Lebensmittel aus den Regionen.

Es gibt keinen Bereich, der nicht von solchen Ängsten ergriffen wäre, nur die wirklichen Gefahren verdrängen wir lieber. Wie kann es sonst sein, dass Blätter wie *Stern*, *Neon* und *Zeit* wie Kassengift am Kiosk lagen, sobald sie die Klimaveränderungen auf dem Cover hatten?

Komischerweise habe ich eine Angst, die vielleicht als einzige noch gar nicht thematisiert worden ist: dass es eine Gefahr gibt, die wir wirklich existenziell fürchten müssen, die wir aber in diesem Wust aus Ängsten und Warnungen gar nicht mehr wahrnehmen.

**9** Anfang des Jahres 2010 las ich die Berichte über ein Treffen von *Elder Statesmen* in Berlin, die in ihrer Amtszeit alle die Strategie der atomaren Abschreckung mitgetragen und mitgestaltet hatten. Nun machten sich Henry Kissinger, Helmut Schmidt, der ehemalige amerikanische Außenminister George Shultz, Hans-Dietrich Genscher und andere Ex-Staatenlenker für »Global Zero« stark, eine Welt ohne Atomwaffen. Was treibt sie an? Ein schlechtes Gewissen oder gar das Gefühl, eine Schuld abtragen zu müssen? Oder durchschauen sie die reale Gefahr einfach besser, war sie damals noch viel größer, als wir Atomkraftgegner uns das jemals hätten vorstellen können?

Ich wartete die Rückkehr von Helmut Schmidt ab, bat um ein Gespräch und fragte ihn. Schmidt sagte: »Mir war die NATO-Strategie einer atomaren Vergeltung schon Ende der Fünfziger-Jahre unheimlich.«

Wie bitte? War nicht Helmut Schmidt eines der liebsten Feindbilder der Friedensbewegung? Hatte er uns nicht den damals so martialisch anmutenden NATO-Doppelbeschluss eingebrockt, der nach dem Scheitern der Abrüstungsverhandlungen mit dem Warschauer Pakt tatsächlich dazu führte, dass nukleare Mittelstreckenraketen in Europa stationiert wurden?

Schmidt redete von den damaligen Gefahren eines atomaren Anschlags, viel ausführlicher aber noch über die aktuelle Bedrohung, die davon ausgeht, dass bald schon zehn, elf oder zwölf Staaten Atomwaffen besitzen könnten. Er sprach über einen Vortrag des früheren US-Verteidigungsministers Robert McNamara. Demnach bleiben einem Land, das einen Atom-Alarm erlebt, nur vier bis acht Minuten Zeit, um zu reagieren – also auch um zu prüfen, ob es sich um einen realen Angriff oder um einen Fehlalarm handelt. Und dann sagte der alte Herr, der für uns früher ein deutscher Falke war, es erstaune ihn, »dass viele von denen, die früher vor lauter Angst bereit waren, lieber Kommunisten zu werden als zu sterben, heute keine Angst mehr zu haben scheinen«. Und: »Ich habe kein Verständnis dafür, dass die Angst vor Atomwaffen inzwischen auf null gesunken ist.«

**10** Wenn ich eine Liste aufstellen müsste unter dem Titel »Momente, in denen ich mir irgendwie blöd vorkomme«, stünde weit vorn der Augenblick, in dem ich aus alten Joghurtbecherdeckeln gedrehte Kügelchen in den riesigen Altmetall- und Aluminiumcontainer am Spielplatz werfe. Bitte, wenn man Weinflaschen in den Altglasbehälter wirft, das scheppert wenigstens, und man hat ein Gefühl von Volumen, Fülle! Und die alten Zeitungen muss ich in die ohnehin überfüllte blaue Papiertonne im Müllraum stopfen; auch hier verlasse ich die Abfallkammer im Gefühl, wirklich etwas beigetragen zu haben. Aber diese Kugeln in die Leere des Gehäuses ... Das kommt einem so sinnlos vor, als versuchte man, das Isarbett mit Steinchen zu füllen, um den Fluss irgendwann mal zu Fuß überqueren zu können.

Ich stelle fest, dass ich in Zeiten, in denen ich mich besonders vor der Zukunft ängstige und in denen ich fürchte, ich würde nicht ausreichend Geld für meine Familie verdienen, dass ich also in solchen Zeiten beginne, den Müll sorgfältiger zu trennen als sonst. Das mag seltsam klingen und ein bisschen albern, aber es ist so: Wenn mir die Zukunft unsicher und unbeherrschbar erscheint, tue ich Dinge, die mir Sicherheit geben und das Gefühl, die Welt ein bisschen in den Griff zu bekommen. Vom Vater geerbte Zwanghaftigkeit kehrt zurück: Der legte Abend für Abend um dieselbe Zeit alle Armbanduhren der Familie neben die große *Junghans*-Uhr auf dem Wohnzimmerschrank, und wenn der *Tagesschau*-Gong erklang, justierte er alle diese Uhren und zog sie auf, jeden Abend, Tag für Tag, ein Ritual, das ihm Sicherheit gab und die Teufel in seinem Innern beschwichtigte.

So erscheint mir auch die Mülltrennerei gelegentlich: als Strategie der Selbstberuhigung, Ritual der Beschwichtigung des Furors im Innern, als Verhalten, das einem das Gefühl gibt, in Zeiten, in denen der Globus als solcher bedroht ist, wenigstens meinen Teil beizutragen, dass die Katastrophe ausbleibt – was auch immer die Katastrophe genau sein mag.

Ist nicht der Wertstoffhof in vielen deutschen Gemeinden heute geradezu das eigentliche materielle und spirituelle Zentrum des Ortes? Das, was früher die Kirche war? Der Ort, zu dem man sich einmal in der Woche in ritueller Weise begibt, um seine leer geleckten Joghurtbecher, seine ausgetrunkenen Weinflaschen, seine alten Zeitungen abzugeben – um dann wieder heimzugehen und von vorne zu beginnen. Eine Art Beicht-Ersatz, angeboten von einer weltlichen Kirche, die alles bietet, was die richtige Kirche auch im Sortiment hat, Sünden, Predigten, die drohende Sintflut – nur keine Erlösung.

In den Achtzigerjahren gab es Werbespots für ein Weichspülmittel namens *Lenor*, in dem sich Menschen darüber beklagten, ihr gerade frisch erworbener, sehr weicher und nun zum ersten Mal gewaschener Pullover sei kratzig geworden. Darauf tauchte neben der zuständigen Hausfrau eine Art Geist auf, die neblige Silhouette dieser Hausfrau, ihr Gestalt gewordenes Gewissen, das ihr zuredete: Warum sie denn irgendein Waschmittel genommen habe? Warum nicht *Lenor*?

So ein Gewissen steht heute fast immer auch neben mir, flüstert und quält mich und lässt nicht locker: Ist es denn nötig, dass du ein so großes Auto fährst? Solltest du diesen Joghurtbecher nicht auswaschen und in den

Kunststoffmüll tun, statt ihn achtlos in den Hausmüll zu werfen? Musst du an diesem Wochenende schon wieder Ski fahren gehen, obwohl doch die Umweltfreundlichkeit des Skisports so infrage steht?

Und jedes Mal flüstere ich zurück, meine ganz privaten Rechtfertigungen: Ja, ich fahre ein großes Auto, aber wir sitzen fast immer zu viert darin; und noch nie in meinem Leben habe ich eine Flugreise nach Thailand, auf die Malediven oder in die Dominikanische Republik unternommen, da sehe ich doch mit meinem $CO_2$-Fußabdruck nicht sooo schlecht aus. Außerdem habe ich keinen Hund. Schon ein mittelgroßer Hund, schreiben Robert und Brenda Vale in *Time To Eat The Dog?*, habe aufgrund seines Fleischverzehrs einen beinahe doppelt so hohen ökologischen Fußabdruck wie ein *Toyota Land Cruiser*, also bitte, warum diskutiert man immer über SUVs, nie über Hunde? Und wenn ich den Joghurtbecher auswasche, wie viel Wasser verbrauche ich denn da, und ist es da nicht besser, ihn einfach wegzuwerfen, so viel Joghurt esse ich doch sowieso nicht, und außerdem ist es immer Joghurt aus Bayern, der hat es nicht so weit auf meinen Tisch. Soll ich mit den Kindern denn nur in der Wohnung sitzen oder in geheizten Hallen Sport treiben – Kinder müssen doch raus, an die frische Luft, Ski fahren …

So geht das, Tag für Tag, ein immerwährendes Selbstgespräch.

Wobei es oft auch Unterhaltungen mit Nachbarn, Kollegen, Leuten auf der Straße sind. Da wäre die Frau, die mich hasserfüllt anstarrt, während ich mit meinem Auto aus der Garage fahre, und die absichtlich hart am Wegesrand so stehen bleibt, dass ich die Scheibe herunterlasse und frage, ob sie noch ein bisschen mehr zur Seite gehen könne, es werde sonst zu eng – und sie faucht: »Ja, so ein großes Auto, das braucht natürlich Platz ...« Oder der Nachbar meiner Freunde, der nahezu jede Woche Beschwerdebriefe in deren Briefkasten wirft, kurze und stets äußerst unfreundliche Aktennotizen von dieser Art: Schon wieder habe er in der Biomülltonne alte Brez'n entdeckt, die dort nicht hingehören – und die Aluminiumschälchen von Teelichtern schon gar nicht.

Übrigens ist das ein in der psychologischen Forschung gut bekanntes Phänomen: Menschen, die sich selbst in bestimmten Bereichen für integer, verantwortungsbewusst und sozial eingestellt halten, neigen zu moralischen Ausrastern auf anderen Gebieten. Das amerikanische Fachmagazin *Psychological Science* veröffentlichte 2010 eine Studie der Universität Toronto, wonach Käufer von Bio-Lebensmitteln nach dem Einkauf andere Menschen schlechter behandelten als die Käufer konventioneller Nahrungsmittel – ein Ergebnis, das nicht gegen Bio-Food spricht, aber sehr schön zeigt, wie Menschen eben sind: kaum jemals durchgehend gut.

Frank, der Racheengel, treibt mich bisweilen zu fast pubertären Sabotageakten. Eines Tages fuhr ich mit meiner Frau vierzehn Kilometer weit in ein schönes Restaurant mit Blick über die Elbe – nicht mit dem Bus, nicht per Anhalter, sondern mit dem eigenen Auto. Im Amuse-Gueule waren Krabben, und ich dachte darüber nach, dass die armen Dinger vermutlich von Büsum nach Marokko transportiert, dort gepult und wieder nach Deutschland zurückgeschickt worden waren. Aber da hatte ich auch schon einen neuseeländischen Cabernet Sauvignon bestellt, der ganz sicher noch viel länger unterwegs gewesen war. Plötzlich hatte ich das Gefühl, als stünde er vor mir: Frank, jener Kollege, der tags zuvor in der Konferenz dafür plädiert hatte, genau diesen energieverschwenderischen Unsinn zu unterlassen. Und alle anderen hatten zustimmend genickt. Frank lebt in einem Ökohaus und fährt sogar bei sehr nassem und windigem Hamburger Wetter mit dem Rad in die Redaktion. Auf diesen Schreck nahm ich erst mal einen kräftigen Schluck.

**12** Verbirgt sich hinter all den Gewissensqualen und der Aufforderung, das private Leben radikal zu ändern, nicht auch ein unreflektiertes Allmachtsdenken? Ich bin es, der die Welt retten kann mit seinem Verhalten. Treten da nicht bisweilen Eigenschaften zutage, die mir noch mehr zuwider sind als jeder Klimawandel? Die moralisch korrekte Version des Neides, zum Beispiel. Besserwisserei. Blockwartverhalten. Das Fehlen jeglicher Lebensfreude. Dogmatismus. Spießertum, das will, dass alle so leben wie man selbst. Selbstgewissheit. Eine Neigung zum Inquisitorischen.

**13** Wenige Bücher haben mich in den vergangenen Jahren so fasziniert wie Jared Diamonds *Kollaps*. Über 700 Seiten untersucht der amerikanische Biologe und Geograf den Untergang ganzer Gesellschaften im Verlauf der Geschichte, überall auf der Welt, auf der Osterinsel zum Beispiel oder in Grönland. Er kommt zu dem Ergebnis, dass dies fast immer mit dem totalen Verbrauch der lebensnotwendigen Ressourcen zu tun hatte. Die Menschen auf der Osterinsel besaßen also eines Tages kein Fitzelchen Holz mehr, weil sie den Wald komplett abgeholzt hatten, um ihre riesigen steinernen Statuen transportieren und aufrichten zu können. Die Wikinger verhungerten in Grönland, weil sie nicht mehr genug Heu für ihr Vieh herbeischaffen konnten (während die Inuit bis heute auf einer anderen Ernährungsbasis überlebt haben). Die Maya gingen unter, weil sie, verkürzt gesagt, aus ihrem Land heraus die zu stark gewachsene Bevölkerung nicht mehr ernähren konnten. Alle drei Völker waren offensichtlich nicht in der Lage, ihre Notlage rechtzeitig zu erkennen und die in ihren Gesellschaften gültigen Werte den Realitäten anzupassen. Die Wikinger etwa taten einfach nichts, um eine der Region besser angepasste Form der Landwirtschaft zu entwickeln. Fischen und Jagen – das passte nicht zu ihren Wertvorstellungen und ihrem Selbstbild als Bauern.

Andererseits, so Diamond, gab es Gesellschaften, die genau dies schafften, die Japaner im 18. und 19. Jahrhundert zum Beispiel. Sie fanden eine Lösung, ihren nahezu zerstörten Wald wieder aufzuforsten und nachhaltig zu bewirtschaften – anderenfalls gäbe es das Japan unserer Zeit nicht.

Heute, schreibt Diamond, befinde sich sozusagen die ganze Welt in der Lage jener Gesellschaften. Sie müsse erkennen, dass es so nicht weitergehe.

*Kollaps* ist ein düsteres Buch, weil es die Probleme der

Erde, ihren Rohstoffverbrauch, den Wassermangel, die Waldzerstörung, die Bodenerosion und so weiter schonungslos schildert und gleichzeitig alle immer wieder vorgebrachten bequemen Ausflüchte ebenso rücksichtslos zerpflückt: *Ja*, viele Vorhersagen von Umweltschützern haben sich als falsch erwiesen, aber rechtfertigen nicht die Milliardenschäden, die sich aus Umweltproblemen ergeben, eine gewisse Anzahl von Fehlalarmen (die wir ja auch bei der Feuerwehr akzeptieren)? *Ja*, gewiss werden sich viele ökologische Probleme erst auswirken, wenn wir heute Erwachsenen tot sind – aber warum ziehen wir dann Kinder groß, wenn sie in einer Welt leben werden, in der es drunter und drüber geht?

Trotzdem, schreibt der Autor selbst, sei er Optimist. Denn die Welt sei ja dabei, ihre Werte den Realitäten anzupassen, sie habe das immer wieder getan und tue es noch, der Zusammenschluss einst verfeindeter Staaten wie Frankreich und Deutschland mit vielen anderen zur Europäischen Union sei nur ein Beispiel. Und sie sei heute, anders als frühere Gesellschaften, dank der Archäologie, des Fernsehen, des Internets in der Lage, aus den Fehlern früherer Zeiten zu lernen.

Und schließlich, so Diamond, habe der Einzelne auch als Verbraucher nicht zu unterschätzenden Einfluss. Zum Beispiel gingen immer mehr internationale Holzkonzerne zu nachhaltiger Forstwirtschaft über, einfach weil die Nachfrage der Verbraucher nach entsprechend zertifiziertem Holz das Angebot bei Weitem übersteige. Das US-Unternehmen *Home Depot*, der weltgrößte Einzelhändler für Nutzholz, wirkte wie viele andere Unternehmen bei der Gründung des *Forest Stewardship Council* mit, das sich weltweit für eine nachhaltige Waldbewirtschaftung einsetzt, indem es ein entsprechendes, für den Konsumenten jederzeit erkennbares Zertifikat vergibt.

Wichtig sei, schreibt Diamond, nicht nur internationale Konzerne für ihr Verhalten anzuprangern, sondern konkret in der Lieferkette Einfluss durch Nachfrage und Kritik auszuüben – der Einfluss eines Handelskonzerns sei ungleich größer, wenn es um umweltschädliche Produkte gehe. Es seien »die Hersteller von Fischprodukten wie *Unilever* oder *Whole Foods* daran interessiert, dass ihre Produkte gekauft werden; sie und nicht der einzelne Verbraucher sind diejenigen, die Druck auf die Fischereiindustrien ausüben können. *Wal-Mart* ist der größte Lebensmitteleinzelhändler der Welt; solche Handelskonzerne können den Bauern ihre Methoden vorschreiben; als Verbraucher sind wir dazu nicht in der Lage, aber wir haben Einfluss auf *Wal-Mart*«.

Also reiße ich mir aus der *Abendzeitung* die Seite mit der Liste raus, auf der genau beschrieben steht, welche Fischarten von Überfischung bedroht sind und welche nicht. Aber als ich dann abends auf dem Markt stehe, um einzukaufen, habe ich die Liste natürlich im Büro liegen lassen und weiß nicht aus dem Kopf, ob nun der Rote oder der Blauflossen-Thunfisch der durch Fischfangflotten mehr Gefährdete ist. Oder beide.

Dann iss eben keinen Fisch!, würde ein Vegetarier sagen. Aber ich bin kein Vegetarier.

Ich bin manchmal ratlos. Nur will ich es bei der Ratlosigkeit nicht belassen. Deshalb bin ich vor Jahren in einen Schlachthof gegangen und habe beim Töten und Zerlegen der Tiere zugesehen. Ich bin der Meinung, dass man sich das zumuten sollte, wenn man sich von Fleisch und Wurst ernährt, und dass man auch etwas über Tierhaltung wissen sollte. Ich versuche seitdem, kein Fleisch und keine Wurst von Tieren zu essen, die nicht artgerecht leben konnten. Das reduziert den Fleischkonsum automatisch, schon aus Kostengründen, denn dieses Fleisch und diese Wurst sind teurer und nicht überall ganz so bequem erhältlich. Aber deswegen tue ich es nicht, sondern weil ich möglichst wenig zu der im Wortsinn viehischen Art und Weise beitragen möchte, in der Tiere heute gehalten, gemästet und getötet werden.

Übrigens sind, habe ich dann doch noch herausgefunden, Roter und Blauflossen-Thunfisch dasselbe, es sind nur unterschiedliche Namen für einen Fisch, der von Ausrottung bedroht ist. Und den man nicht retten wird, indem wir in Deutschland ihn nicht mehr essen. Denn die weitaus größten Mengen davon werden in Japan verzehrt, aber von europäischen Flotten gefangen. Denen müsste man ihr Geschäft komplett verbieten, bloß tut das keiner, und wenn es doch Verbote gibt, fehlt es an wirksamen Kontrollen. Mit dem Thunfischfang wird viel Geld verdient, jedenfalls solange es den Thunfisch noch gibt (also wohl nicht mehr sehr lange).

Es gibt also Probleme, die auch mit persönlichem Fischverzicht nicht zu lösen sind, sondern nur – mit Politik.

Was dabei sehr hilft: Wer sich informieren will, kann das in Deutschland so umfassend und auch seriös wie in kaum einem anderen Land der Welt tun. Keine Kleinigkeit, eigentlich auch schon ein Wert an sich.

Was die Familien vieler meiner Freunde und Bekannten so wurzellos, ja armselig erscheinen lässt: Die meisten ihrer Geschichten und Erinnerungen enden im Zweiten Weltkrieg, an der Mauer des Schweigens, die da gezogen wurde. Die Angst, hinter dieser Mauer Verstörendes zu finden, ist auf lange Sicht aber bedrückender als die Erschütterung über die Dinge, die man möglicherweise entdecken würde, wenn man nur nach ihnen fahndete. »Das Vergangene ist nicht tot«, so beginnt der Roman *Kindheitsmuster* von Christa Wolf, die dabei wiederum den amerikanischen Literatur-Nobelpreisträger William Faulkner zitiert, »es ist nicht einmal vergangen. Wir trennen es von uns ab und stellen uns fremd.«

In der Kindheit und Jugend verbrachte ich viel Zeit mit zwei sehr starken, sehr alten Frauen, die meine Großtanten waren. Sie lebten in Florenz und hatten manchmal ein schwieriges Verhältnis zueinander. Die Älteste, Donn'Anna, wurde fast 103 Jahre alt, sie starb in den Siebzigerjahren und galt als ebenso gutmütig wie eigenwillig. Sie mochte die Jagd nicht, weil ihr Vater durch einen Jagdunfall ums Leben gekommen war, als sie gerade mal vier Jahre alt war. Aber ihr Mann, den sie um mehr als 30 Jahre überlebte, war ein passionierter Jäger, der auf der Familiendomäne auch gerne Vögel schoss oder in Netzen fing. Eines Abends tischte Donn'Anna ihrem Mann köstlich gebratenes Geflügel auf. Er wollte sie dafür gerade loben, als ihm bewusst wurde, was er da auf dem Teller hatte – und er vor Entsetzen aufschrie: Meine Tante hatte kurzerhand seine Lockvögel in die Pfanne gehauen. (Bis zuletzt hielt Donn'Anna, die nicht so viel von Psychologie verstand wie später ihre Tochter und ihre Enkelin, die beide Psychoanalytikerinnen wurden, an der Version fest, dass dies ein tragisches Versehen gewesen sei.)

Donn'Anna war eine Gräfin; sie heiratete standesgemäß einen Grafen, dessen Familie in einem jahrhundertealten Palazzo direkt am Hauptplatz eines größeren Dorfes in den Marken residierte. Dort verbrachte sie die Sommermonate, und dort spielte ich als Kind oft mit meinen Cousins. Am aufregendsten war es für uns im ehemaligen Ballsaal, an dessen Wänden zwei Dutzend Bilder von Ahnen hingen, die alle mit der gleichen spitzen Nase porträtiert worden waren, was wir bestaunten wie einen Comicstrip. Auf dem Marmorboden des Saales fuhren wir Gokart, und bei Familienfeiern schlichen wir uns gerne an betagte Aristokratinnen heran und schlürften, ohne dass sie es bemerkten, ihre Aperitifs aus, die sie, sitzend in Konversation vertieft, auf idealer Kindeshöhe vor sich herhielten; die Wirkung, so berichteten es die Erwachsenen noch Jahrzehnte später, sei verheerend gewesen.

Fast alles, was im Leben der Donn'Anna schön und wichtig war, hatte sich noch im vorvergangenen Jahrhundert abgespielt, vor allem ihre Hochzeit und die Geburt ihrer Tochter, meiner Tante Giulia. Ihr Großvater, an den sie sich noch gut erinnerte, war um die Wende vom 18. zum 19. Jahrhundert zur Welt gekommen, als Napoleon gerade gegen den römischen Kirchenstaat zu Felde zog. Als Zeitzeuge hatte er die

Abdankung des französischen Kaisers, dessen Verbannung nach Elba und St. Helena erlebt und davon erzählt. Mir ist das erst später klar geworden: Ich bin noch einer Tante begegnet, die sich an die Erzählungen ihres Großvaters über Napoleon Bonaparte erinnern konnte. Diese Zeitspanne umfasst inzwischen mehr als zwei Jahrhunderte überlieferter Familiengeschichte. Sie ist ein Teil von uns geworden, auch wenn sie mir nur selten bewusst wird.

Donn'Anna hatte auch Furchtbares erlebt: Krankheiten und Epidemien, gegen die es kein Mittel gab, zwei Kriege, den Tod ihres Ehemannes. Der war in der Nähe seines Palazzo von einem Artilleriegeschütz getroffen worden – dem einzigen, das während des Zweiten Weltkrieges auf sein beschauliches Dorf abgefeuert worden war. Er starb, weil er sich vor einen anderen Mann warf, um ihn zu retten.

Bestimmt hat also auch ihre Generation, wie jede andere zuvor, Gründe gehabt, den Untergang der Menschheit zu befürchten. Aber mir kommt es heute noch so vor, als ob Donn'Anna sich auch auf ein paar Gewissheiten verlassen konnte. Sie sagte: »Das Leben ist so. Es gibt dir etwas, und es nimmt dir wieder etwas weg.«

Allerdings schaute Donn'Anna mit Sorge auf ihre Tochter Giulia. Auch sie wurde steinalt, erlebte fast das gesamte vergangene Jahrhundert. Aber ihr Leben ist auch ein Spiegel der Moderne, ihrer Chancen, ihrer Freiheiten und ihrer Rastlosigkeit. Giulia hatte als Erste in ihrer Familie studiert, sie hatte unehelich meine Tante Silvia geboren, sie hatte bis zu ihrer Pensionierung als Direktorin der Abteilung für Grafiken und Zeichnungen der Uffizien gearbeitet. Als sie schon die sechzig überschritten hatte, begann sie eine Ausbildung zur Psychoanalytikerin, unter ihren Lehrern war Marie-Louise von Franz, eine Lieblingsschülerin C. G. Jungs. Als sie neunzig wurde, hatte sie noch Patienten. Für uns Jüngere war sie deshalb schon zu Lebzeiten ein Mythos geworden. Aber die Schicksalsschläge ihres Lebens und der große Schmerz, darüber klagte ihre Mutter Donn'Anna, die fraßen sich über Jahre hinweg durch ihre Seele und ihren Körper und quälten sie wie ewige Geißeln.

Einmal hörte ich Donn'Anna zu meinem Vater sagen: »Manchmal verstehe ich meine eigene Tochter nicht. Ich habe die schwersten Schicksalsschläge innerhalb von drei Tagen überwunden; es ging doch immer irgendwie weiter!«

15 Wenn ich heute an Donn'Anna denke, dann kommt noch ein anderer, ein kurioser Gedanke in mir hoch, der dazu führt, dass ich mich selbst sehr alt fühle. Ich habe noch eine Zeit erlebt, in der es Telefonzellen gab. Ich habe sie nicht nur gelegentlich benutzt, ich war eine ganze Weile auf sie angewiesen. Als ich mit 18 zu Hause auszog, hatte ich in meiner Wohnung zunächst keinen Fernsprechanschluss. Wenn ich telefonieren wollte, suchte ich mir eine ganze Batterie Groschen zusammen, schnappte mir eine Liste mit den Nummern der Menschen, die ich erreichen wollte, und ging in die gelbe Zelle, die meinem Haus schräg

gegenüberlag. Meistens war sie belegt, sodass ich warten musste. Und wenn ich dann an der Reihe war, unterbrach ich meine Anrufe des Öfteren, weil es mich nervös machte, wenn von draußen jemand böse in die Kabine starrte. Auf diese Weise war ich an manchen Tagen mehrere Stunden beschäftigt.

In meiner Kindheit waren die modernsten Kommunikationsmittel in unserem Haus ein großes schwarzes Telefon mit einer Wählscheibe (vor dessen Benutzung wir die Eltern fragen mussten, aus Kostengründen) und ein Radio mit einem grünen Auge, das langsam zu leuchten begann, wenn man den Apparat anschaltete. In den Stationszeilen las ich: Hilversum, Caltanissetta, Budapest, Wien … Das Radio war ein Wunder für mich. Wenn aus ihm Musik ertönte, dachte ich anfangs, das Orchester müsse sich im Apparat befinden. Später ging ich zum Glauben über, dieses Orchester beginne just in dem Moment zu spielen, in dem ich das Radio andrehte, nur für mich. Von Schallplatten wusste ich nichts, ich lernte sie erst später bei einer Großtante kennen, die uns Kindern auf unseren Wunsch wieder und wieder Gus Backus' Schlager vom *Mann im Mond* vorspielte. An dessen Beginn war ein Raketenstart zu hören, später der Refrain:

> »Der Mann im Mond,
> der hat es schwer,
> denn man verschont
> ihn heut' nicht mehr.

Er schaut uns bang'
von oben zu
und fragt: Wie lang'
hab' ich noch Ruh?«

In der Schule und an der Universität tippten wir unsere Flugblätter auf Spiritus-Matrizen und hektografierten sie dann mithilfe einer Walze auf Papier. Als ich in der Zeitung zu arbeiten begann, schrieben wir unsere Texte mit klappernden Schreibmaschinen auf gelbes Papier, steckten sie in eine Rohrpost und schickten sie in die Setzerei, wo ein Mann an einer drei Meter hohen Maschine sie erneut abtippte. Glühend heiße Bleizeilen sammelten sich, ein Metteur mit blauer Schürze baute sie nach dem Erkalten zu Artikel und Seiten zusammen, von denen dann eine Vorform für eine Druckvorlage genommen wurde. Saß ich im Stadion, um über ein Fußballspiel zu berichten, musste ich schon während der Begegnung einem Stenografen meinen Bericht am Telefon diktieren, der ihn seinerseits wieder abtippte, um ihn dann einem Redakteur zu schicken, der ihn einem Setzer schickte, der …

Und alles, was diese Männer in vielen Stunden taten, erledigen heute Computer in Sekunden.

**17** Vielleicht kaufe ich mir ein *iPad*, einen kleinen, flachen, rechteckigen Computer. Wenn ich will, kann ich dann so ziemlich jeden Film, den ich gerne sehen möchte, auf diesem Apparat innerhalb von ein paar Minuten ansehen; ich muss dazu nur ein paar Mal mit dem Finger auf dem Gerät herumwischen – schon passiert's.

Auch hätte ich fast jedes Buch, das mir gerade einfällt, im gleichen Zeitraum zur Hand, und wenn sich mir eine Frage stellen würde, so stellte ich sie meinerseits dem Gerät, das aus den Weiten des Internets eine Antwort herbeischaffte.

Wie weit sind wir noch entfernt von einem Apparat, der nebenbei auch noch Kaffee kocht und Toast auswirft, auf dem stehend ich ins Büro flitzen kann wie auf einem Luftkissen-Skateboard oder den ich mir auf den Bauch legen kann, um meine Magenbeschwerden zu heilen, von der jeden Wunsch sofort erfüllenden Allesmaschine?

Unsere Lust am Weltuntergang hat wahrscheinlich viel mit Beschleunigung zu tun. Mit der unvorstellbar schnellen Entwicklung der Technik und unseres Lebens, mit dem unweigerlich daraus erwachsenden Gefühl, dass keine Leitplanke mehr richtig hält. Kann es sein, dass der Untergang in dieser Situation manchmal wie eine Erlösung erscheint? So wie es mancher Hochstapler als Erleichterung empfindet, wenn er, am Ende einer langen Kette von Täuschungen und Lügen, einen irrationalen Fehler begeht und auffliegt – so als habe ihm eine innere Stimme eingeflüstert, endlich diesen einen, entscheidenden Fehler zu begehen, um dem Irrsinn seines Systems Einhalt zu gebieten?

Aber sind wir nicht an einem Punkt, an dem wir mit den Ängsten in unserem Leben besser umgehen sollten? Wenn keine der apokalyptischen Visionen, mit denen wir uns in mehr als fünfzig Lebensjahren herumgeplagt haben, Realität geworden ist, dann sollten wir neue Untergangsszenarien endlich anders als bisherige sehen. Und darauf vertrauen, dass der Mensch extrem anpassungsfähig, äußerst intelligent und sehr zäh sein kann, dass die Menschheit in ihrer Geschichte schon sehr heftige Temperaturschwankungen auf der Erde überstanden hat (dies mit sehr viel geringeren technischen Möglichkeiten als heute) und dass die Zukunft noch nie eine lineare Fortschreibung der Gegenwart gewesen ist.

Aber wahr ist trotzdem auch: Es ist unsere Generation, die ein System schaffen muss, in dem nicht mehr haltlos aus dem Vollen geschöpft wird und in dem Nachhaltigkeit zu den wichtigsten Werten gehört.

**19** Als ich im Sommer 1990 als Reporter nach Bitterfeld reiste, hatte ich natürlich Monika Marons Roman *Flugasche* im Gepäck, in dem es Sätze gibt wie diese: »Dünste, die als Wegweiser dienen könnten. Bitte gehen Sie geradeaus bis zum Ammoniak, dann links bis zur Salpetersäure. Wenn Sie einen stechenden Schmerz in Hals und Bronchien verspüren, kehren Sie um und rufen den Arzt, das war dann Schwefeldioxyd.« Maron hatte, bevor sie den Roman verfasste, für die *Wochenpost* in Ost-Berlin eine Reportage über Bitterfeld geschrieben, das Zentrum der DDR-Chemieindustrie.

Nun sah ich selbst, was hier los war, eine bisweilen tatsächlich nahezu apokalyptische Szenerie in der dreckigsten Region Europas: breite Bäche voll brauner, von weißem Schaum überzogener Flüssigkeit, deren Gestank einem den Atem stocken ließ. Der »Silbersee«, dessen Wasser aussah, als könne man in ihm Filme entwickeln, Baumleichen standen darin. Im Kindergarten traf ich eine Erzieherin, die erzählte, es habe Tage gegeben, an denen blaue und rote Farbe vom Himmel fiel. Wenig später hätten die Kinder Ekzeme bekommen.

2010 las ich Monika Marons zweites Buch über die Stadt. *Bitterfelder Bogen* heißt es und ist kein Roman, sondern ein Bericht über die Wiederauferstehung einer toten Region, vor allem über die Gründung und den Erfolg des Solarzellenherstellers *Q-Cells*, der 2010 in Bitterfeld und Umgebung fast 2000 Menschen beschäftigte, wie viele Unternehmen von den Folgen der Finanzkrise geschüttelt wird und dennoch eine geradezu unglaubliche Geschichte von Fantasie und Fleiß ist, an deren Erzählung Maron die Frage knüpft, warum in zwanzig Jahren immer nur die DDR-Nostalgiker, PDS-Wähler und Rechtsradikalen das Bild von der Bevölkerung in den neuen Ländern geprägt hätten, »als hätte es die Wagemutigen, die Zähen und Erfinderischen nicht gegeben, als wären nicht Hunderttausende klaglos jahrelang nach Bayern und Baden-Württemberg gependelt oder hätten nach jeder Pleite ihres Arbeitgebers unermüdlich nach einem neuen gesucht«.

Wie war es möglich, dass der Ostdeutsche wie eine Standardfigur der Commedia dell'Arte »als geprellter, unselbstständiger, seinen Unmut stammelnder Zeitgenosse« durch die Medien geisterte, dass das Bild eines Volks von »antriebsschwachen, obrigkeitshörigen Sozialfällen« gezeichnet wurde, so lange, bis die Ostdeutschen es selbst glaubten?

Wichtiger aber ist hier das Bild Marons vom heutigen Bitterfeld, über das sie nun in ihrem Buch notierte: »... eine unerwartet schöne Seenlandschaft in einem Naturschutzgebiet von zweiundsechzig Quadratkilometern, mit Rad- und Wanderwegen, Strandbädern und Uferpromenade, mit einer bunt wuchernden Flora, in der sich Hirsche, Biber, Salamander, Fischadler, Kraniche und Kormorane angesiedelt haben, mit einem Hafen, in dem Segelboote ankern und von dem das Motorschiff ›Vineta‹ in See sticht, ins Bitterfelder Meer, wie man in überschäumender Begeisterung den unverhofften Seenreichtum gleich getauft hat.«

20 Nur wenige Hundert Meter von dem Haus, in dem ich aufwuchs, befand sich die Müllhalde der Stadt. Sie war einer unserer Spielplätze, wir sammelten uns dort, um aus großen alten Pappkartons Häuser, ja, ganze Dörfer zu bauen, in denen wir uns mit anderen Müllgegenständen einrichteten und gemütlich Picknick machten. Überall im Wald neben der Halde lag Müll, die Leute warfen Bauschutt, Matratzen oder alte Maschinen oft einfach in den Straßengraben, ein großes Problem damals. Im Fluss, der die Stadt durchquerte, war es nicht möglich zu baden, man konnte auch nicht auf ihm Boot fahren, denn einerseits war oft zu wenig Wasser darin, andererseits stank dieses Wasser meistens so erbärmlich und war so schmutzig, dass es kaum zu ertragen war. In diesem Wasser gab es keinen einzigen Fisch mehr, weil bei der Silbergewinnung in den Bergwerken im Harz das Gift Vitriol angefallen und in den Fluss geleitet worden war.

Aus der Müllhalde ist aber schon vor langer Zeit ein Park mit einem See geworden, und niemand käme noch auf die Idee, dort seinen Dreck zu entsorgen. Und der Fluss ist die reine Idylle, man kann in ihm baden und auf ihm Boot fahren, es gibt Fischtreppen, Floßfahrten mit Lesungen, Jazzkonzerte am Ufer, ja, man setzt hier im Wasser wieder Jahr für Jahr junge Atlantische Lachse und Meerforellen aus, in der Hoffnung, dass sie eines Tages aus dem Meer wieder in ihre (und meine) Heimat zurückkehren, um dort zu laichen.

## Meine Eroberung der Familie

*oder*

Wie ich in den Kreißsaal fand und wieder heraus

**1** Man kann meinen wunderbaren, dicken Großvater aus Rimini auch anders beschreiben, als ich es, von meinen Kindheitserinnerungen ausgehend, getan habe. Ich war 18, gerade der Pubertät entwachsen, als ich von Hannover aus zu einer Rundreise zu meinen Verwandten in Italien aufbrach, die ich schon lange nicht mehr gesehen hatte. Ich wollte mich während dieser Reise meiner Wurzeln vergewissern, aber als ich zurückkam, lag der Mythos der italienischen Familie in Trümmern.

Meine Großmutter, die selbst von ihren Nachbarn noch wie eine Heilige verehrt worden war, war vor meiner Geburt gestorben, und mein Großvater verliebte sich in eine sehr junge Arbeiterin aus seiner Fabrik. Sie hieß Fernanda und entstammte einer armen Familie mit zehn Kindern. Ihre Mutter, Nonna Rosa, ließ sich von ihren Kindern im Pluralis majestatis ansprechen; das war in Italien bis weit ins vergangene Jahrhundert hinein kein Kennzeichen des Adels, sondern der einfachen Bauern. Nonna Rosa war im Krieg zur Witwe geworden, manchmal fehlte ihr sogar das Geld, um allen Schuhe zu kaufen; dann mussten ihre Söhne und Töchter barfuß laufen. Die Zuneigung meines Opas zu Fernanda war so groß, dass er beschloss, bei Nonna Rosa um die Hand ihrer Tochter anzuhalten. Er tat das heimlich, weil er die Ablehnung seiner Kinder, meines Vaters und seiner zwei Brüder, fürchtete – was die Sache natürlich nur noch schlimmer machte. Seine Söhne empfanden diese Liaison als Verrat an ihrer Mutter, und für sie war auch klar, dass die junge Fernanda sich nur wegen der Aussicht auf Wohlstand auf ihn eingelassen hatte.

Mit dieser Einschätzung sollten sie ihr schwer unrecht tun, denn die Ehe erwies sich als glücklich, und Fernanda ist eine so liebenswürdige Person, dass ich sie ganz selbstverständlich als meine italienische Oma annahm. Dennoch entbrannte zwischen meinem Opa und seinen Söhnen ein Jahrzehnte andauernder, erbittert geführter Streit, den die Brüder nach dem Tod des Großvaters wegen der Erbschaft mit der jungen Witwe fortführten. Der Rest der Verwandtschaft nannte die drei scherzhaft die »Brüder Karamasow«, aber die immer wieder aufflackernde Feindschaft war auch für uns Kinder alles andere als lustig. Wenn es bei Tisch zu einem Ausbruch kam, trugen die Frauen uns Kinder aus dem Esszimmer und versuchten, uns vom Streit fernzuhalten. Selbst durch mehrere Türen hörten wir die dumpfen Schreie der Brüder und ihres Vaters.

Onkel Paolo, der Jüngste der drei, reagierte stets am heftigsten. Er war auch derjenige, der sich am meisten verletzt fühlte. Wir Kinder liebten ihn sehr: Onkel Paolo war großzügig, und er war für uns schon wegen seines Alters eher ein Komplize denn ein Onkel. Er ließ mich heimlich und helmlos auf seiner Vespa mitfahren, und zu Weihnachten schenkte er mir, zum Entzücken meiner Eltern, mal einen Sandsack samt Boxhandschuhen, mal ein Luftgewehr. Er war ein bildschöner junger Mann, ein Draufgänger mit großer Ausstrahlung. Sein Leben aber bekam Paolo nicht in den Griff, auch im Beruf fand er keinen Halt. Mit meinem Opa war er so zerstritten, dass eine Beschäftigung im Familienunternehmen bald ausgeschlossen war. Die Beziehung war vergiftet, Anfang der Siebzigerjahre wurde er von meinem Opa enterbt.

Eines Tages fanden sie Paolo tot auf dem Dachboden im Haus meiner Großeltern. Er hatte sich mit dem Jagdgewehr eine Kugel durch den Kopf geschossen, vor einem Tisch, auf dem die Urkunde lag, mit der mein Opa seine Enterbung verfügt hatte. Knapp zwei Jahre später starb auch mein Großvater. Er war wegen eines Herzinfarkts ins Krankenhaus von Cesena gebracht worden, und als die Ärzte den Infarkt gerade einigermaßen unter Kontrolle gebracht hatten, erlitt er auch noch einen Darmdurchbruch. Der Chefarzt sagte zu meinem Vater: »Es ist merkwürdig, aber sein Körper wirkt wie der eines Menschen, der nicht mehr leben will.«

Danach kamen zumindest wir Jüngeren uns vor wie Überlebende, und ich hatte schon sehr bald das Gefühl, als liege ein Fluch über unserer Familie. Die Ehe meiner Eltern war auseinandergegangen, die Ehe meines Onkels Giorgio auch; bei meiner Cousine brach daraufhin eine unheilbare Psychose aus. Die beiden wunderbaren Töchter, die mein Großvater noch mit Fernanda gezeugt hatte, sind bis heute unverheiratet und kinderlos geblieben. Eine von ihnen lebt in einer inzwischen vom elterlichen Haus abgetrennten Wohnung. In ihrem Schlafzimmer hatten meine Eltern gelebt, nachdem sie nach Rimini gezogen waren, und danach Onkel Paolo. Wenn die Tochter meines Opas heute aus dem Fenster schaut, blickt sie auf drei mehrstöckige Mietshäuser. Früher war da noch ein parkähnlicher Garten mit hohen Pinien und einem Brunnen mit Zierfischen. Dahinter lag das Fabrikgelände, das für uns Kinder wie ein Abenteuerspielplatz war. Das gesamte Gelände wurde verkauft, um das Erbe aufzuteilen. Von der stolzen Wollfabrik ist nur noch ein Handelsbetrieb übrig geblieben, den Fernandas Töchter führen.

Auch die Geschwister meiner Mutter in Deutschland fanden kein Familienglück. Die Ehe von Onkel Stefan, der Maler hatte werden wollen, ging ebenso in die Brüche wie die seiner jüngeren Schwester.

Es war unausweichlich, dass ich anfing, meinen Eltern Vorhaltungen zu machen: Was für eine Bürde habt ihr uns fürs Leben mitgegeben! Diese Angst, all jene Fehler zu wiederholen, die wir vorgelebt bekommen hatten. Der lähmende Imperativ, den eigenen Kindern bloß die Schmerzen zu ersparen, die wir selbst erlitten hatten. Jedenfalls kann ich überhaupt nicht verstehen, wenn man heute Zwanzig- bis Dreißigjährige belächelt, weil sie bekennen, dass ihnen die Familie der wichtigste Wert ist. Als ob darin etwas Biederes, ja, Verzagtes läge. Zu viele aus dieser Generation haben am eigenen Leib erfahren, was es heißt, wenn eine Familie kaputtgeht. Für diese Menschen sind stabile Bindungen eine der schwierigsten Aufgaben, die man sich vorstellen kann.

Ich habe erst sehr spät in meinem Leben eine Familie gegründet. Als meine Tochter in einer Dorfkirche in der Toscana getauft wurde, kamen fast alle Überlebenden meiner italienischen Verwandtschaft. Bei der Kommunion fiel mir auf, dass die gesamte jüngere Generation der Cousins und Cousinen aufstand, um die Hostie zu empfangen. Unsere Eltern blieben, weit hinten in der Kirche, allesamt sitzen – und wunderten sich, was wohl in ihre Kinder gefahren war.

**2** Als ich zwanzig war, bin ich vor meiner Familie geflüchtet, so weit, wie es weiter kaum geht in Deutschland, von Braunschweig nach München. Ich hatte eine intensive, jedoch diffuse, mir im Grunde gar nicht richtig bewusste Sehnsucht nach frischer Luft, ich wollte raus aus der kleinbürgerlichen Welt von Onkels und Tanten, die nahezu jedes zweite Wochenende in immer gleicher Runde und unter Wiederholung der immer gleichen Geschichten bei Kaffee und Kuchen ihre Geburtstage feierten, und ich konnte die Kneipen nicht mehr ertragen, in denen meine Kumpels und ich uns am Wochenende betranken.

Dennoch war ich ein braver Sohn. Ich studierte, machte Examen, suchte mir einen Job, verliebte mich hier und da und heiratete früh – ohne es den Eltern vorher zu sagen. Wir gingen einfach mit zwei Trauzeugen zum Standesamt und riefen dann daheim an.

Mit 28 wurde ich zum ersten Mal Vater, mit 30 zum zweiten Mal. Als ich 37 war, wurden wir geschieden. Mein Selbst- und Weltbild war kaputt. Eines Abends in den Jahren nach unserer Trennung kehrte ich mit meinen Eltern nach einer Familienfeier in meine Wohnung zurück. Meine frühere Ehefrau und ich haben uns ein gutes Verhältnis bewahrt, vertrauen einander und hatten an diesem Tag alle zusammen in unserem früher gemeinsamen Haus gefeiert. Aber nun saß ich wieder in meiner Wohnung, mit meinen Eltern, doch ohne die Kinder, konnte mich nicht mehr zusammenreißen und weinte nur noch vor mich hin. Meine Mutter stimmte ein und heulte mit mir in der Küche, mein Vater erstarrte schweigend in Ratlosigkeit, im Wohnzimmer sitzend. Später saßen wir doch alle zusammen, und ganz plötzlich, ohne dass ich danach gefragt hätte, erzählte mir meine Mutter die Geschichte ihrer Kindheit, die sie nie zuvor erzählt hatte.

Ihre Mutter war die zweite Frau eines Mannes gewesen, der Gutsverwalter und Förster von Beruf war, meines Großvaters. Aber die beiden verstanden sich nicht, der Mann (mein Großvater) sei nicht gut zu ihrer Mutter (meiner Großmutter) gewesen, sagte meine Mutter, die das aber auch nur vom Hörensagen wusste, denn sie war erst zwei Jahre alt gewesen, als die beiden sich trennten.

Diese Trennung verlief so, dass mein Urgroßvater, der Großvater meiner Mutter, mit Pferd und Wagen vor dem Haus meines Großvaters vorfuhr, seine Tochter und seine

Enkelin (meine spätere Mutter) und deren Habseligkeiten mitnahm und sie zu Verwandten in eine andere Stadt brachte, wo die beiden blieben. Meine Mutter wuchs dort glücklich auf, in einem großen Kreis von Tanten und Cousinen, die sie sehr liebten, aber ihren Vater sah sie erst viele Jahre später wieder, bei einer großen Feier während der Nazizeit. Da stand er auf einem Podium, weit entfernt, und die Mutter zeigte auf ihn und sagte zur Tochter: »Der Mann dort, das ist dein Vater.«

Das war alles. Und erst als meine Mutter längst selbst Kinder hatte und mein Großvater zum dritten Mal geheiratet hatte, ging seine neue Frau auf meine Mutter zu und sorgte für Kontakt. Einige Jahre lang gab es reges Sichbesuchen, immer wieder waren wir im Haus des Großvaters. Dann starb er, und alles war vorbei. Nach seinem Tod stellte sich heraus, so erzählte meine Mutter, dass er sie von seinem Erbe weitgehend ausgeschlossen hatte.

Das alles erfuhr ich nun, mit vierzig Jahren. Erst die Dramatik der Situation, eine Art emotionaler Enthemmung, hatte meine Mutter zum Reden gebracht, mit fast siebzig Jahren. Erst jetzt verschwand der Nebel über ihrem Leben, in dem ich bisher nur vage Onkels, Tanten, Cousinen und Cousins gesehen hatte (die ich oft sehr gerne mochte, deren Zusammenhang mit uns mir aber nie recht klar geworden war) – und einen Großvater, der immer ein mir ferner, entrückter Mann blieb. Erst jetzt konnte ich überhaupt beginnen, sie zu verstehen, ihre Angst bisweilen, ihre Nervosität, ihre Einsamkeit, ihre ungestillte Sehnsucht nach einer Tochter, in der sie sich wiedergefunden hätte. Sie hatte stattdessen drei Söhne.

Und erst jetzt, aus der Ferne und vor den Bruchstücken meiner eigenen Träume, bekam ich, langsam, langsam, einen klareren Blick auf meine Eltern.

Auf die Mutter, die ihren Vater kaum gekannt hatte, und deren Mann – traumatisiert vom Krieg – in seinem Sessel sitzend weit entfernt von ihr war. Die deshalb ein Leben lang nach Nähe suchte und sie doch nicht ertragen konnte.

Auf den Vater mit dem toten Auge im Gesicht, das ich so gerne zum Leben erweckt hätte.

Sie waren meine Eltern, sie hatten ihr Schicksal, sie waren schuldlos. Aber sie waren sicher nicht die besten Vorbilder für erfüllte, lebendige Beziehungen.

Meine Frau und ich sind späte Eltern. Bevor unsere Tochter zur Welt kam, waren wir jahrelang gut gemeinten, aber in ihrer Wirkung penetranten, ja quälenden Fragen beseelter Mütter und Väter ausgesetzt: »Was, Sie haben keine Kinder – warum nicht? Wollen Sie etwa keine?« Und noch vor der Antwort folgte ein Lobgesang auf den Kindersegen, in den sich herablassendes Mitgefühl für uns Kinderlose mischte, denen solche Wonnen vorenthalten bleiben würden. Als könne der Verzicht nicht auch eine sehr bewusste und respektable Lebensentscheidung sein. Als könne die Kinderlosigkeit vieler Paare nicht auch in der Indisposition eines Partners begründet sein, die so sehr schmerzt, dass man darüber bestimmt nicht mit dem Tischnachbarn bei einem gesetzten Essen reden möchte.

Immerhin hatten wir viel Zeit, die Fehler der anderen zu beobachten. Wenig kam uns so lächerlich vor wie die hysterische Angst einiger Mütter auch in unserem Freundeskreis, dem armen Kind könnte etwas zustoßen. In deren Augen droht überall nur Gefahr, von der Zimmertemperatur in der Nacht oder der Kunststoffbeschichtung im Fläschchen oder der Erzieherin in der Kita, weil sie einmal die Geduld verloren hat und laut geworden ist. Wenn das Kind einmal vergnügt einen Schluck vom Rotwein probiert, den der Vater gerade trinkt, was in Italien in jeder Familie vorkommt, dann ist bereits die böse Saat für das spätere Abgleiten in den Alkoholismus geworfen. Und dazu dieses ununterbrochene Bespaßen und Bespielen der süßen Kleinen, auf dass sie später zu Winterhoff'schen Tyrannen werden, unfähig, sich auch nur eine Viertelstunde selbst zu beschäftigen.

Dann machten wir Ferien in den bayerischen Bergen, unsere Tochter war zwei Jahre alt. Das Hotel bot für müde Eltern einen großartigen Service: Für die Zeit, in der sie mal ungestört wandern oder am Pool liegen wollten, konnten sie stundenweise einen Babysitter engagieren. Wer ganz beruhigt im Hotel zu Abend essen wollte, bekam an der Rezeption hochsensible Babyfone ausgehändigt; sie reagierten schon auf lautes Gähnen. Ich wähnte mich bestens aufgehoben.

Aber am zweiten Abend, als wir das Kind nach stundenlangem Spiel gerade ins Bett gebracht hatten, klingelte es an unserer Zimmertür. Es meldete sich eine junge Rezeptionistin zum Babysitten. Ich hatte sie nicht gebucht und glaubte an ein Missverständnis.

Schon war meine Frau zur Stelle, sie hatte das Mädchen bestellt. Um nicht vor der Babysitterin zu streiten, wartete ich noch ein paar Minuten, bis wir auf dem Weg zum Restaurant waren. Meine Frau erklärte:
»So fühle ich mich sicherer.«
»Aber wir haben doch die Babyfone, und wenn dir das nicht reicht, hätte ich auch nach jedem Gang nach der Kleinen geschaut!«
»Ja, aber das ist es nicht.«
Was es genau war, wollte sie nicht erklären, erst als ich massiv nachhakte, nannte sie den Grund ihrer Besorgnis. Ich konnte es zunächst nicht fassen: Das Kind, sagte sie, könnte doch im fremden Bett unter Kissen ersticken. An diesem Abend hatten wir darüber noch heftigen Streit, ein paar Tage später aber, die junge Frau hatte schon zum zweiten Mal abends bei uns eingehütet, kam mir dieser Wahnsinn schon fast normal vor.

Spätestens nach diesem Urlaub war mir klar: Wir waren nicht besser als die Eltern, über die wir uns früher lustig gemacht hatten, und unsere Tochter würde uns eines Tages Vorhaltungen machen, wie unmöglich, wie übervorsichtig wir sie erzogen hätten.


Ich finde es übrigens sehr verständlich, Angst um sein Kind zu haben, zumal wenn es klein ist, man es zum ersten Mal allein lässt und sich von ihm entfernt, und sei es nur einige Hundert Meter. Ich finde da auch noch eher absurde Ängste ziemlich normal. Die Frage ist einfach, wie man mit ihnen umgeht.

Ich habe Tag für Tag Angst um meine Kinder, ja, ich würde sagen, mit den Kindern ist Angst ein immer präsenter Faktor in meinem Leben geworden, ein Bewusstsein für die Zerbrechlichkeit unserer Existenz. Eines meiner Kinder wäre einmal bei einem Unfall beinahe ums Leben gekommen, wochenlang mussten wir bangen. Und ich kenne Paare, die ein Kind verloren haben, ein größeres Unglück ist schwer denkbar.

Immer wieder versuche ich, mir die Gefühle unserer Eltern vorzustellen, als wir Kinder waren.

Wir hatten eine Kindheit, wie sie heute die Ausnahme ist: Wir verbrachten den größten Teil unserer Zeit unbeaufsichtigt. Nie sah ich einen Kindergarten von innen, bevor ich meine eigenen Kinder dorthin brachte. Wir spielten im Wald, in dem alte, noch scharfe Bomben aus dem Krieg im Erdreich lagen. Wir hatten einen Schulweg, der uns durch diesen Wald führte und den wir bisweilen mit Schauermärchen im Kopf gingen, über Selbstmörder, die – so hatten uns ältere Kameraden erzählt – an irgendeinem Baum hängen sollten. Wir rasten im Winter ohne Helm und Rückenschutz auf blankem Eis mit unter die Winterstiefel geschnallten Gleitschuhen die Hügel hinunter. Wir schlichen, wenn es im Herbst dunkel geworden war, durch die Gärten der Nachbarn und betrachteten die Leute in ihren Küchen und Esszimmern beim Abendessen; einmal wurden wir entdeckt, es gab entsetzlichen Ärger. Wir hatten untereinander Schlägereien, die nicht selten mit blauen Augen, blutenden Nasen und Tränen endeten. Und ich bin mit vier Jahren, als ich allein mit einem Freund auf der Straße spielte, von einem Motorroller überfahren worden, brach mir den Arm und riss mir die Stirn auf. Wenig später ertrank ich beinahe im Teich auf dem Hof meines Onkels. Mein Vater zog mich erst in letzter Sekunde aus dem Wasser.

Wir taten Tag für Tag Dinge, die wir unseren Kindern heute nicht im Geringsten erlauben würden.

Freilich war das nicht Ausdruck eines pädagogischen Konzepts unserer Eltern. Es war einfach so. Aber warum?

*Erstens:* Wir waren keine Einzelkinder. Wer mehrere Kinder hat, ist nicht so fixiert auf jedes einzelne, nicht so besorgt darum.

*Zweitens:* Unsere Eltern stammten noch aus einer Zeit, in der es nicht selten vorkam, dass Kinder starben, sie empfanden das als Teil des Lebensrisikos.

*Drittens:* Wir haben überhaupt mehr Angst als unsere Eltern. Wir fürchten, den ererbten und erarbeiteten Wohlstand zu verlieren, wir sind uns unserer Jobs nicht so sicher wie unsere Eltern, die Zukunft erscheint uns ungleich fragiler – und wir haben nie etwas anderes erlebt als ein Leben in materieller Saturiertheit, während unsere Eltern den Verlust allen Hab und Guts schon einmal hinter sich hatten, es ging danach immer aufwärts für sie.

*Viertens:* Anders als unsere Eltern sind wir uns unserer Haltungen und unserer Einstellung gegenüber den Kindern nicht sicher. Sie hatten damals sehr klare Vorstellungen davon, was Kindern guttut und was nicht, wie Kinder aufwachsen sollten und wie nicht, sie hatten diese Vorstellungen von ihren Eltern übernommen, die sie wiederum von ihren Eltern ererbt hatten.

*Fünftens* erinnere ich mich an eine Szene von einem meiner ersten Schulwege, in der ersten Klasse. Ich ging zusammen mit einem Kameraden morgens diesen Weg.

Bis zum Tag zuvor hatte meine Mutter mich in die Schule gebracht, nun durften wir alleine gehen, wir redeten und lachten, als auf einmal mein Kamerad sagte: »Deine Mutter geht hinter uns.« Ich drehte mich um und sah gerade noch Mutter in einer Hofeinfahrt verschwinden.

Sie hatte Angst um mich gehabt, und sie versuchte, irgendwie dieser Angst Herr zu werden. Und hat sie es nicht ganz gut gemacht?

5 Wir haben, was Kindererziehung angeht, einen gewaltigen Bruch hinter uns, eine Ära des Zweifelns und Infragestellens. Für uns galt immer: Was die Eltern gemacht haben, ist für uns in gleicher Weise nicht denkbar. Also setzten wir uns mit allen möglichen pädagogischen Theorien und Praktiken auseinander, von antiautoritärer Erziehung über die Waldorf-Pädagogik bis zu Montessori. Damit nicht genug, verläuft unser Erwachsenenleben ja auch in ganz anderen Bahnen als das der Generationen vor uns: Für uns ist es keineswegs einfach denkbar, dass unsere Frauen den Haushalt und die Kindererziehung erledigen, während wir Männer das Geld verdienen, ja, wir leben oft in Situationen, in denen beide Elternteile arbeiten wollen und/oder müssen, damit das Geld reicht. Das heißt, wir müssen uns auch mit anderen Formen staatlicher Erziehung auseinandersetzen als früher – und ganz nebenbei müssen die Eltern miteinander ständig neue Rollenverteilungen aushandeln und sich fragen, ob ihren Kindern das eigentlich guttut oder nicht.

Das alles zusammengenommen macht uns zu bisweilen sehr unsicheren Eltern.

Ich finde es irritierend, dass Kinder in den vergangenen Jahren in Buch- und Zeitschriftentiteln immer wieder als bedrohliche »Tyrannen« wahrgenommen worden sind, die es mit Disziplin, Strenge, Autorität zu bändigen gilt. Sagt das nicht sehr viel mehr über die Eltern aus als über die Kinder, über ihre Sehnsucht nach Klarheit und nach Freiheit von einer alles beherrschenden Angst?

Anfang der Neunzigerjahre schrieb ich das Buch *Der kleine Erziehungsberater*. Oft habe ich mich gefragt, was eigentlich die Ursache seines Erfolgs war, denn der schmale Band bietet dem Leser nicht die geringste Beratung, der Titel ist rein ironisch gemeint und das ganze Buch das Werk eines Ratlosen. Es besteht aus lauter Geschichten über das Leben einer Familie mit drei kleinen Kindern. In diesen Geschichten sind es immer die Eltern, die an der Erziehung der Kinder scheitern, ja, oft ist es eher so, dass die Kinder die Eltern erziehen oder dass die Eltern zumindest von der guten Laune, der Empfindsamkeit und der großen Fantasie der Kinder profitieren.

Ich schrieb das Buch in dem Gefühl, ich würde den Lesern etwas Besonderes erzählen: Erlebnisse aus einer besonders chaotischen, zur Erziehung der Kinder besonders unfähigen, in ihren Strukturen besonders wenig gefestigten Familie.

Dann bekam ich sehr viele Leserbriefe. In allen Briefen stand das Gleiche: Das ist bei Ihnen ja wie bei uns daheim, erstaunlich, erstaunlich, wir dachten immer, nur wir wären so. Und ich lernte aus dieser Post: Wir sind ja gar nicht besonders, wir sind im Prinzip wie alle anderen. Das hat mich (so seltsam das klingen mag, wenn ein Autor etwas von seinen Lesern lernt) gelassener gemacht, eine Eigenschaft, die Eltern grundsätzlich gut brauchen können.

Ich begriff damals erst nach dem Erscheinen meines Buches, unter welchem Druck heute viele Eltern stehen. Umstellt von Ratgebern aller Art, möchten sie alles immer richtig machen, müssen aber feststellen, dass sie mit den papierenen, besserwisserischen Ratschlägen aus allen möglichen Büchern am Leben scheitern, und fühlen sich entsprechend: als Versager. Ihre Kinder schlafen nicht so gut, wie sie dem Handbuch *Jedes Kind kann schlafen* zufolge schlafen müssten; sie essen nicht mal ansatzweise so gerne Gemüse, wie Kinder laut dem *Bio-Kochbuch für unsere Kleinen* Gemüse gerne essen müssten; sie lassen das pädagogisch wertvolle Spielzeug, nach dem sie sich doch gemäß den Tipps der Verkäuferin im anthroposophischen Spielzeugladen geradezu verzehren sollten, einfach in der Ecke verstauben.

Hier ist, was ich aus meinem eigenen Buch gelernt habe: dass man mit Ratgebern sein Leben nicht gestalten kann. Im Gegenteil. Sie führen einen in die Irre, machen Eltern noch unsicherer, als sie ohnehin schon sind, und kosten nur Zeit und Geld.

7 Noch nie in der Menschheitsgeschichte haben sich Mütter und auch Väter so viele Gedanken gemacht, so viel Rücksicht genommen, so viele gute Absichten gehabt wie die meisten Eltern heute.

Es fängt mit dem Tag der Geburt an. Ich kenne keinen einzigen Mann, der in den vergangenen zehn Jahren Vater geworden ist, der nicht bei der Entbindung dabei gewesen wäre, es wird auch von jedem so erwartet. Ich selbst hatte mir fest vorgenommen, diesem Kollektivzwang zu entgehen, meine Frau hatte mir ihren Segen gegeben, die Hebamme und der Professor hatten es ungläubig zur Kenntnis genommen. Am frühen Morgen des Geburtstages saß ich allein in einem Warteraum, neben mir stand schon das Bettchen für das Baby bereit. Nach kurzer Zeit hielt ich es mit mir selbst nicht mehr aus und klingelte kleinlaut an der Pforte zum Kreißsaal. Ich kam gerade noch rechtzeitig, Gott sei Dank.

In dem Unternehmen, für das ich arbeite, gibt es seit Langem keinen jungen Vater mehr, der nicht die Von-der-Leyen-Elternzeit genutzt hätte, außer mir. Aber ich bin leider auch kein junger Vater, und außerdem leide ich an einem akuten Unersetzlichkeitssyndrom. Ich fühlte mich sogar im Kreißsaal dringend gebraucht.

Wir wollen alles anders und vor allem besser machen, als es die meisten noch selbst erlebt haben. Ich erinnere mich an die Diskussionen in meiner Jugend über den repressiven Charakter der Kleinfamilie. Hauptsache, das Kind habe eine Bezugsperson, hieß es in der Schule, bisweilen auch im Freundeskreis meiner Eltern. Wenn der leibliche Vater oder die leibliche Mutter fehle, sei das nicht so schlimm. Jetzt beobachte ich selbst ein kleines Kind und sehe, wie es sich zwischen beiden Eltern jauchzend hin- und herwirft, weil es vor lauter Freude nicht weiß, wohin. Und die Mutter sagt: »So glücklich ist sie nur, wenn wir beide da sind.«

Es wäre eine großartige Leistung, wenn es vielen von uns gelänge, als Familie zusammenzubleiben, ohne an ihr übermäßig zu leiden, und den Kindern etwas mitzugeben, was ganz viele in meiner Generation schmerzlich vermisst haben: die Erfahrung, gemocht und angenommen zu werden und das hin und wieder auch gesagt zu bekommen. Ich sehe, dass viele das schaffen, und ich bin ganz sicher: Die Kinder werden diese Sicherheit als Kapital fürs Leben mitnehmen. In der Summe aber werden wir höchstwahrscheinlich keine besseren Menschen in die Welt entlassen, jede Generation macht ihre eigenen Fehler.

8 Ja, aber was ist, wenn man *nicht* zusammenbleibt? Ich habe zweimal geheiratet, 1984 das erste und 1996 das letzte Mal. Ich glaube nicht, dass Kindern geholfen ist, wenn Eltern zusammenbleiben, die irgendwann erkennen mussten, dass sie zusammen auf Dauer entgegen ihren Erwartungen nur unglücklich sein können. Eltern sind für ihre Kinder Vorbilder, und sie sollten nicht Vorbilder sein in Gleichgültigkeit, Entfremdung, Langeweile, Streit.

Mich fasziniert, in welcher Vielfalt wir heute leben können. Wie Familien heute manchmal strukturiert sind: aus verschiedensten Teilen zusammengesetzt, mit Vätern, Stiefvätern, Exfrauen, Halbgeschwistern. Ich finde es großartig, wie manche alleinerziehenden Mütter sich durchs Leben schlagen. Kann man es nicht auch mal positiv sehen, dass wir es geschafft haben, die Familie an so vielen Stellen geradezu neu zu erfinden, ihre Enge, ihre Repression abzulegen? Kann man nicht auch mal einige Worte der Bewunderung dafür finden, wie ernsthaft und verantwortungsvoll viele Leute mit ihren Trennungsgeschichten heute umgehen? Welche Mühe sie sich mit ihren Beziehungen geben?

Die ersten sieben Jahre meines Schullebens war ich immer der Klassenbeste. Ich war der Erste, der sich beim Kopf-Wettrechnen wieder setzen durfte, während der Schlechteste stets dem Gespött der anderen preisgegeben war, er stand ja bis zum Schluss. Ich war der Beste im Vorlesen, so gut, dass ich als Drittklässler denen aus der Achten vorlesen musste, damit sie mal sähen, was so ein kleiner Zwerg schon könne, während sie immer noch herumstotterten beim Lesen. Ich bekam bei den Bundesjugendspielen im Sport stets eine Große Urkunde.

Ich war stolz darauf, aber gleichzeitig litt ich unter der Anspannung. Oft konnte ich abends nicht einschlafen, weil mein Kopf so schmerzte, dass ich weinend im Bett lag. Aber wenn man mich fragte, sagte ich stets, ich ginge gerne zur Schule, die Schule sei etwas Schönes.

Einer meiner Brüder war in seinen frühen Jahren nicht gesund, meine Eltern sorgten sich um ihn, ich spürte das. Ich versuchte, ihnen zu helfen, indem ich ihnen keine Sorgen machte, indem ich also gut in der Schule war, zum Beispiel. Aber je mehr mir das gelang, desto mehr Kopfweh hatte ich, denn ich hatte natürlich Angst zu versagen, keinen Einser oder Zweier nach Hause zu bringen, nicht der Beste zu sein. Die Eltern saßen ratlos an meinem Bett, sie fürchteten Gehirntumore und brachten mich zum Arzt, dabei hatte ich bloß meinen eigenen, schmerzvollen Weg gefunden, ihnen auch ein bisschen Sorgen zu machen.

Kinder kämpfen, manchmal ein Leben lang, um die Aufmerksamkeit ihrer Eltern, und ich glaube, die primäre Aufgabe der Eltern ist, ihnen diese Aufmerksamkeit auch zu geben, möglichst schon ohne den Kampf.

Ich glaube nicht, dass Eltern die besseren Pädagogen sein sollten. Ich glaube nicht, dass sie sich ständig den Kopf darüber zerbrechen müssen, ob sie etwas »falsch« machen. Ich glaube überhaupt nicht, dass sie nach irgendeinem Schema vorgehen sollten.

Aber ich glaube, dass eine stabile, liebe- und vertrauensvolle, von Neugierde und Austausch geprägte Beziehung zwischen Eltern und Kindern sehr gut den einen oder anderen Erziehungsfehler verträgt.

**10** Für uns als Kinder gehörten Schläge zum Alltagsleben, jedoch nie als systematisch-züchtigende, absichtsvoll-erzieherische Prügelei (wie sie anscheinend von manchen früheren Bischöfen praktiziert wurde). Meine Mutter hat mich einige Male mit dem Handfeger oder einem Teppichklopfer verdroschen, und ich werde nie vergessen, wie sie – aus Anlässen, an die ich mich nicht mehr erinnere – wie eine Furie hinter mir herrannte, während ich um Gnade bettelte. Ihre Schläge trafen mich hart, und die einzige Entschuldigung, die es für sie gibt, war ihre totale Überforderung nach der eigenen schwierigen Kindheit, mit einem kriegsverletzten Mann und drei Söhnen, von denen einer, noch als Baby, immer wieder schwere Operationen über sich ergehen lassen musste.

Mein Vater schlug mich nie, wie er mich überhaupt nie berührte. Er drohte immer nur mit Schlägen, malte aus, was er alles tun würde, und erzählte dabei, wie er selbst als Kind verprügelt worden sei. Oft und oft erzählte er das, nicht von seinem Vater, sondern von den unglaublichen Gewaltorgien in seiner Schulzeit, in der die Kinder von den Lehrern systematisch mit dem Rohrstock gezüchtigt worden waren. Und wie weh das getan habe, erzählte er.

Seltsamerweise spielte dabei immer ein Lächeln um seinen Mund. Dann kam das Echo aus dem Mund meiner Mutter: »Hat uns auch nicht geschadet.«

Und ich selbst, als Vater?

Wohl jedes meiner Kinder hat einmal eine Ohrfeige bekommen, nie geplant, sondern immer aus dem Affekt – was es nicht besser macht. Natürlich habe ich das hinterher immer bereut, was es auch nicht besser macht. Es gehört zu meinen Fehlern als Vater.

Ich habe Schläge noch als integralen Bestandteil der Erziehung kennengelernt, vor allem in der Familie. Es gab Ohrfeigen von meinem Vater, von meiner Mutter, von dem sehr jungen (und heiß geliebten) Kindermädchen. Es gab Schläge mit dem Teppichklopfer und einem zusammengerollten feuchten Handtuch. Zweimal wurde ich im kohlenschwarzen Keller eingesperrt, meine Mutter behauptet, für wenige Minuten, für mich fühlten sie sich wie Stunden an. Den Eltern ist das heute peinlich, meine Mutter war damals schon Lehrerin, später wurde sie Psychotherapeutin. Aber sie sagen auch: Wir waren jung und unerfahren, es war damals so üblich, in unserer eigenen Kindheit war das noch viel dramatischer.

Giorgio, der ältere Bruder meines Vaters, erzählt heute noch voller Opferstolz, wie er als Zwölfjähriger die Limousine seines Vaters in der Dunkelheit aus der Einfahrt schob, den Wagen außer Hörweite kurzschloss und dann zur Mole von Rimini fuhr, wo andere Halbstarke ohne Führerschein mit ihren Fahrkünsten prahlten. Als Giorgio in der Nacht nach Hause kam und leise die Haustür öffnete, ging plötzlich das Licht im Flur an. Auf dem obersten Treppenabsatz vor der elterlichen Wohnung stand mein Großvater. Er hatte sein Jagdgewehr angelegt und zielte auf seinen Sohn.

An dieser Stelle der Erzählung lacht dann die Familie. Denn längst weiß man, dass mein Opa natürlich nicht geschossen hat und seinem Sohn nur einen gewaltigen Schrecken einjagen wollte und bei der Wahl der Mittel eben nicht so wahnsinnig zartfühlend war, wie das bei den leicht aufbrausenden, aber im Prinzip gutherzigen Männern aus der Romagna seit jeher üblich ist. Hat nicht sogar Federico Fellini, der große Sohn Riminis, diesen Vätern vor allem in seinem autobiografischen Welterfolg *Amarcord* ein filmisches Denkmal gesetzt? Schnell steht dann die Frage im Raum, manchmal auch unausgesprochen: Und? Haben uns Schläge und Strafen denn wirklich so geschadet?

Das ärgert mich sehr, denn fast jede Züchtigung ist mir heute noch erinnerlich. Es gibt Abstufungen: Am erträglichsten erscheinen mir noch die im Affekt verabreichten Ohrfeigen, alle anderen Schläge aber waren schon in der Kindheit als das erkennbar, was sie auch sein sollten: Machtdemonstrationen, ein Urteil, das plötzlich über das Kind hereinbricht und immer ein Gefühl von Demütigung und Ohnmacht hinterlässt.

Der Umstand, dass Prügeln innerhalb weniger Jahrzehnte von einer gängigen, ja, als notwendig erachteten Erziehungsmethode zu einer allgemein geächteten Form der Strafe geworden ist, lässt den tröstlichen Gedanken aufkommen, dass sich Dinge auch zum Guten entwickeln können.

Aus Gründen der pädagogischen Redlichkeit sei unbedingt noch erwähnt, dass es zwischen der Erziehung durch Züchtigung und der heutigen Kinder-Wellness noch eine bizarre Zwischenphase der totalen antiautoritären Erziehung gab. Dieses Schicksal ereilte zum Beispiel eine deutsche Cousine, die Erstgeborene meines Onkels Stefan, den ich so bewunderte. Sie durfte alles tun und lassen, was mir noch verwehrt worden war, obwohl sie nur wenige Jahre jünger war. Als Kind war ich deshalb oft eifersüchtig auf sie. Onkel Stefan erzählt, dass sie während ihrer gesamten Kindheit genau zwei Ohrfeigen kassierte. Die eine bekam sie, nachdem sie eines Tages in der Hippie-Kutsche ihrer Eltern, einem leicht derangierten, kugelförmigen Mercedes, meiner Tante, die am Steuer saß, bei voller Fahrt die Wollmütze über die Augen zog. Die andere, als sie einmal bei Tisch begann, sich die Fingernägel zu schneiden, trotz mehrerer Ermahnungen, das bleiben zu lassen, und die ersten Splitter in den Suppenteller meines Onkels flogen. Daran wird, obwohl das Ohrfeigen im Grundsatz natürlich falsch bleibt, auch ersichtlich, wie sehr meine Cousine sich angestrengt haben muss, um ihren Eltern endlich mal eine entschiedene Reaktion zu entlocken.

Was aber viel wichtiger ist: Trotz oder wegen ihrer antiautoritären Erziehung führt meine Cousine heute ein zufriedenes Leben und ist inzwischen selbst Mutter dreier Kinder.

**13** Wahrscheinlich ist jedes Kind überfordert, wenn es vornehmlich dem Irrsinn der eigenen Eltern ausgeliefert ist, so gut deren Absichten auch sein mögen. Die glücklichsten Jahre meiner Kindheit habe ich im großelterlichen Haus in Rimini verbracht. Ich wusste, dass meine Eltern da waren und ich sie auch finden konnte, wenn mir danach war – aber ich genoss die Fürsorge einer unübersichtlich großen Schar von italienischen Cousins und Cousinen, Onkeln und Tanten ersten, zweiten und dritten Grades, Kindermädchen, Köchinnen und Putzfrauen. Irgendjemand hatte immer Zeit, und nie in meinem Leben habe ich mich unbeschwerter gefühlt.

**14** Zu den am intensivsten erlebten Zeiten meiner Kindheit gehören jene Sommerwochen, in denen ich einen meiner Patenonkel besuchen durfte, der einen großen Bauernhof hatte.

Wenn ich zu Beginn der Ferien dort angekommen war, saßen wir abends um den großen Tisch in der Küche herum und aßen, und der von mir sehr verehrte Onkel gab ein paar Grundsätze für die folgenden Wochen bekannt, deren einer lautete: »Wenn ihr euch prügelt, gibt es für jeden eine Ohrfeige von mir.«

»Auch für Axel?«, rief sofort mein Cousin.

»Auch für Axel«, antwortete mein Onkel. Aber er hatte vorher eine verräterische Millisekunde lang gezögert, und ich ahnte: »Was mich angeht, meint er es nicht so.«

Trotzdem fürchtete ich, nachdem ich meinen jüngeren und schwächeren Cousin einmal nach einem Streit herzhaft verhauen hatte, einige Tage lang sehr, der Onkel werde nun auch mich handfest zur Rechenschaft ziehen. Es geschah jedoch nichts.

Auf dem Hof meines Onkels mussten wir oft mithelfen. Wir ernteten Kirschen und sammelten Kamille, wir trieben abends die Bullen in den Stall zurück, wir gabelten auf dem Acker Rüben auf und warfen sie auf einen Wagen. Aber viel mehr ist mir die Freiheit in Erinnerung, die wir dort hatten: Wir konnten uns auf dem ganzen riesigen Hofgelände frei bewegen, ohne dass die Erwachsenen wussten, wo wir waren, spielten auf dem Heuboden und an den Fischteichen, fuhren Fahrrad und rasten mit einer gebrechlichen *Zündapp* über die Feldwege.

Vielleicht haben sich mir deshalb die Wochen auf dem Bauernhof so eingeprägt, bei meinem Onkel, der Zutrauen in mich hatte und der uns unsere Freiheiten ließ.

Unvergesslich wird mir immer bleiben, wie er mich einmal – ich war zwölf oder dreizehn Jahre alt – auf einen Traktor mit laufendem Motor setzte, mir die Pedale erklärte und wie man einen Gang einlegt, dann abstieg und sagte, er werde mit dem anderen Traktor jetzt aufs Feld hinausfahren, ich solle ihm einfach hinterherkommen.

Ich durfte allein den Traktor fahren. Es war die Erfüllung aller meiner Träume. Dass er mich das tun ließ!

Sie waren großartig, diese Wochen und dieses wunderbare Gefühl von Freiheit und Zutrauen und von einer Gemeinschaft mit anderen Kindern, in der man sich seinen Platz erarbeiten und erobern musste, in einer Zeit, in der man auch damit zurechtkam, dass sich niemand mit einem beschäftigte und dass manche Nachmittage nach der Schule und ganze Ferientage vor einem lagen wie ein großes, weites, leeres Feld.

**15** Übrigens können andere Erziehungsmethoden mindestens genauso verheerende Schäden hinterlassen wie Schläge. Die Einblicke in manche Familien, die sich in den Siebziger- und Achtzigerjahren den Aufenthalt ihrer Kinder an der Odenwaldschule leisten konnten, wirken oft wie eine Expedition in eine emotionale Antarktis. Es waren Eltern, die zum Teil zur Elite dieses Landes gehören und ihre Kinder, mit denen sie kaum oder gar nicht zurechtkamen, regelrecht ins Internat abschoben. Wenn diese Kinder dort missbraucht wurden oder miterlebten, wie Mitschüler missbraucht wurden, dann taten sie einen Teufel, sich zu Hause auszusprechen. Dazu fehlten Vertrauen und Nähe.

Und heute, da der Missbrauch vielfach öffentlich geworden ist und auch von niemandem mehr bestritten wird? Da ruft der Vater eines Odenwaldschülers seinen Sohn an, den ich seit vielen Jahren kenne, und fragt ihn: »Junge, bist du angefasst worden?« Und als der Sohn, der in diesen Wochen ganz besonders erschüttert ist, das verneint, sagt der Vater: »Siehst du, ein richtiger Mann lässt sich auch nicht anfassen. Als ich im Internat war, hat sich das auch keiner getraut.« Und ich weiß von einem Jungen, der an der Odenwaldschule missbraucht worden ist und seiner Mutter schrieb, ob sie denn jetzt ermessen könne, wie er und andere damals gelitten hätten. Die Mutter antwortete ebenfalls schriftlich, wenn er sich habe anfassen lassen, dann habe das wohl auch seine Richtigkeit gehabt.

(Und noch eins weiß ich von einem ehemaligen Schüler: An die Kinder der ganz prominenten Eltern trauten sich der Schulleiter Gerold Becker und andere Lehrer offenbar nicht heran. So viel Kontrolle war dann doch möglich – »pädagogischer Eros« hin oder her.)

In Rimini besuchte ich eine Grundschule, an der Kinder aus allen sozialen Schichten waren. Die Bessersituierten, zu denen auch ich gehörte, wurden von den Lehrern fast nie bestraft, an diese Ungerechtigkeit erinnere ich mich ganz genau. Wir waren auch schwerer angreifbar, weil unsere Leistungen in der Regel besser waren, aber natürlich kannten die Lehrer in der Provinzstadt auch die Honoratioren gut und suchten ihre Nähe.

Als ich meine Erste Kommunion feierte, gehörte auch Herr Gelasio, mein Klassenlehrer, zu den Gästen.

Er war, obwohl kein Sohn der Romagna, ein Choleriker vor dem Herrn. Es kam vor, dass er mit den korrigierten Klassenarbeiten wortlos den Raum betrat, das Gesicht rot angelaufen, ein leises, bedrohliches Pfeifen auf den Lippen. Als Erstes machte er das Fenster auf, dann rief er die Schüler einzeln nach vorne. Wenn eine Klassenarbeit Gnade gefunden hatte, gab er das Heft zurück. Wenn nicht, bot Herr Gelasio ein einzigartiges Spektakel: Er nahm das Heft in die Hand, wedelte damit vor dem Gesicht des Schülers herum – und ließ es in weitem Bogen aus dem Fenster fliegen, wobei er den alten Gassenhauer von Domenico Modugno anstimmte: »Volare!« Nach der Unterrichtsstunde musste der in Ungnade gefallene Schüler sein Heft vom Schulhof klauben.

Ich erinnere mich an das ängstliche Gesicht eines schmächtigen Mitschülers, von dem ich meine, dass er Gelsomino hieß, ein äußerst seltener Jungenname, zu Deutsch »Jasmin«. In unserer Klasse war er auch deshalb ein Exot, weil er, genau wie ich, eine deutsche Mutter hatte. Aber entweder sprach er darüber nie, oder seine Mutter war schon viel länger in Rimini als meine, denn wenn in der Klasse von *i tedeschini* die Rede war, waren immer nur mein Bruder und ich gemeint.

Dieser Gelsomino erteilte mir eine Lektion, die ich nie vergessen werde. Obwohl ich ihn nie besonders beachtet hatte, lud er mich eines Tages zu sich nach Hause ein. Ich sammelte, wie alle in meiner Klasse,

Panini-Sportbilder; wir tauschten sie in fast jeder Pause. Gelsomino hatte in seinem Zimmer eine imposante Sammlung, die er mir voller Stolz zeigte. Besonders angetan hatte es mir ein Heft, in das schon fast alle Sportbilder eingeklebt waren. Ich muss es wohl sehr begierig oder bewundernd oder auch nur voller Neid angeschaut haben, denn plötzlich nahm Gelsomino dieses wunderbare Album und sagte: »Ich schenke es dir!« Ich weiß heute noch, was ich damals empfand: Dass dies ein unbegreiflich großes, überwältigendes Geschenk war – und dass ich selbst wohl nie so großzügig gewesen wäre. Ich weiß auch noch, dass ich mich zugleich beschämt fühlte und Gelsominos Mutter beim Abschied von dem Geschenk erzählte. Sie sagte so etwas wie »Siehst du!«, so als wolle sie sagen, dass Gelsomino, der von mir so wenig gewürdigt und von Herrn Gelasio so schlecht behandelt worden war, doch ein ganz feiner Kerl sei.

Wenn es mir heute wieder einmal schwerfällt, mich von etwas zu trennen, dann denke ich manchmal noch an Gelsomino. Ich hoffe, dass er es gut hat im Leben – und dass er vielleicht auf andere Menschen gestoßen ist, die ihm mit einer Größe begegnet sind, die ich gerne gehabt hätte.


Einer meiner Söhne (da war er dreizehn und wir wohnten am Stadtrand, im Grünen) wollte sich eine Waffe kaufen, vom Taschengeld. Eine Softair-Pistole. Softair-Pistolen verschießen mit Luftdruck gelbe Plastikkugeln, die blaue Flecken machen.

Ob er zu retten sei, fragte ich. Ob er mal das Wort »Winnenden« gehört habe. Ob er wolle, dass wir jeden Tag um sein Augenlicht und das anderer Kinder fürchten müssten.

Ob ich nicht wüsste, dass alle anderen Jungens Softair-Pistolen hätten, fragte er. Sie würden sich damit in speziell geeigneten Hallen beschießen. Ob ich nie gehört hätte, dass sie Schutzbrillen dabei trügen, damit nichts passiere.

In speziellen Hallen?, fragte ich.

Mir fiel ein, dass er zehn Jahre zuvor einen anderen Buben im Streit mit einer Holzkasperfigur auf den Kopf geschlagen hatte. Darauf erschien der Vater dieses Buben bei mir, ein immer betont sanfter Mann, der mich mit gezwitschertem »Hallo, du!« begrüßte und sich mit einem »Tschüss, du!« verabschiedete, weshalb er jahrelang in unserer Familie nur *der Tschüssdu* hieß. Warf mir vor, es gebe in meiner Familie ein Gewaltproblem. »Heute ist es eine Holzkasperfigur, später ist es ein Baseballschläger«, sagte er.

Nun, zehn Jahre darauf, war die Brille meines Sohnes von einem anderen Buben mit einer Softair-Pistole zerschossen worden. Der Täter: der Sohn von Tschüssdu, den mein Sohn damals mit dem Holzkasper schlug. Ich überlegte, zu dem Vater zu gehen und ihm zu sagen, dass es in seiner Familie ein Waffenproblem gebe, und dann den Satz nachzureichen: »Heute ist es eine Softair-Pistole – und morgen?« Nur so, rachehalber.

Aber mein Sohn bekniete mich zu schweigen. Dem anderen sei das Spielen mit Pistolen streng verboten. Da ließ ich die Sache auf sich beruhen.

Ich dachte an die Zeiten, in denen ich dreizehn war.

Ich las Karl-May-Romane, in denen Menschen die Kopfhaut bei lebendigem Leib heruntergeschnitten wird. Ich dachte an die Erbsenpistolen, mit denen wir uns beballerten, harmlos im Vergleich zu Softair-Pistolen, und an die Gummizwillen, die wir nahmen, um doppelspitzige Eisenkrampen zu verschießen – nicht harmlos! Und an das Luftgewehr meines Freundes, mit dem wir in der Jugendherberge auf Dosenstapel neben der Tür schossen, bis der Herbergsvater in der Tür stand und in die Mündung des Luftgewehrs blickte.

Wir mussten dann woanders übernachten.

Ich dachte, dass ich es geliebt hätte, Paintball zu spielen, bei dem sich Leute mit Softair-Waffen beschießen und jeder Treffer einen Farbklecks hinterlässt. Wenn es Paintball schon gegeben hätte ... Und dass ich dieses Spiel heute albern finde. Dass es aber gleichzeitig ein Schmarrn sei, es zu verbieten, wie es gerade diskutiert wurde, dachte ich, nur damit ein paar Leute durch dieses Verbot ein gutes Gewissen haben. Dass ich es andererseits auch wieder gut finde, dass über ein solches Verbot diskutiert wird.

Warum?

Es ist immer gut, wenn diskutiert wird.

Wir hatten zu Hause dann eine weitere heftige Debatte über die Softair-Pistole. Wir sagten unserem Sohn, wie gefährlich die sei, wie täuschend sie echten Waffen ähnele, dass er sie nur unter bestimmten Bedingungen benutzen dürfe.

Dann erlaubten wir ihm den Kauf.

Am nächsten Tag stand in der Zeitung, die Polizei habe Jugendlichen in einem Wald Softair-Waffen abgenommen, mit denen sie sich beschossen hätten. Zwar sei der Besitz solcher Waffen erlaubt, aber nicht deren Benutzung in der Öffentlichkeit. Diesen Artikel lasen wir dem Sohn vor.

Seitdem lag die Pistole in seinem Zimmer. Manchmal, wenn ein Freund da war, schossen sie aus dem Fenster auf eine Mauer gegenüber. Ab und zu verabredeten sie sich mit anderen zu einer Softair-Schlacht. Und seit einem Jahr liegt die Pistole im Schrank, nie wieder angerührt.

**19** Ich erinnere mich an die Zeiten, in denen ich sehr lange Haare hatte, ungefähr bis zur Gürtellinie, in denen ich grundsätzlich nur in Röhrenjeans und mit einem schmalen Lederband um die Stirn aus dem Haus ging und ungefähr wie das Gegenteil eines Sohnes aussah, den sich mein Vater wünschte. Und in denen er mich jeden Abend mit seiner Frage sekkierte, wann ich denn endlich zum Friseur ginge.

Wir gingen uns entsetzlich auf die Nerven, jeder dem anderen.

Aber in jenen Jahren verschaffte er mir immer wieder Jobs, um in den Ferien etwas Geld zu verdienen, unter anderem in seinem eigenen Büro. Dann ging ich mittags mit ihm bisweilen im Casino der Industrie- und Handelskammer essen und saß zwischen lauter Geschäftsführern in Anzug und Krawatte. Es muss ihm sehr unangenehm gewesen sein, dass sein Sohn aussah wie ein »Revoluzzer«, aber er ließ nie auch nur eine Sekunde einen Zweifel daran, dass ich sein Sohn sei und dass er (was er so nie, nie, nie gesagt hätte) mich liebte.

Er hielt das aus, wie ich war und wie ich aussah und dass ich ihn verachtete, er hielt es einfach aus. Und es war großartig, dass er es aushielt, denn das ist, was Eltern manchmal einfach können müssen und worin sich ihre Liebe vielleicht in schwierigen Zeiten am allermeisten ausdrückt: die Dinge auszuhalten.

Ich glaube, dass es zu den positiven Merkmalen unserer Generation gehört, dass sie gelernt hat und immer noch lernt, sich der Kritik, dem Selbstzweifel zu stellen. Das hat seinen Preis, denn es kann sehr quälend sein. Man erarbeitet sich das Leben, gemeinsam, mit den Kindern, seinem Partner. Das ist für mich Familie. Vielleicht hat es nicht viele Generationen gegeben, die das alles so ernst genommen haben wie wir. Vielleicht ist es aber auch vermessen, so etwas zu behaupten. Auf jeden Fall finde ich: Diese Form von Familie hat überhaupt nichts von dem Langweiligen oder Spießigen, das in dem Wort seit Helmut Kohl und seiner »Famillje« immer nachklingt. Sie ist ein großes, sehr aufregendes Abenteuer.

Ein Satz, den ich nie verstanden habe, lautet: Ich bereue nichts. Wie muss man beschaffen sein, wenn man das mit voller Überzeugung von sich behaupten kann? Ist man dann besonders trotzig? Oder besonders vergesslich? Oder nur besonders einfältig?

Ich bereue ganz viel. Die Geschichte mit Birgit, einer

sehr guten Freundin, verfolgt mich seit mehr als zwanzig Jahren.

Birgit war gerade dreißig geworden, als sie sich neu verliebte. Kurz zuvor hatte sie, nach langem Kampf, ihre erste feste Arbeitsstelle gefunden, an der sie sehr hing. Wir wussten jedoch alle, dass sie sich nichts sehnlicher wünschte als eine Familie mit Kindern. Aber sie hatte eine unübersehbare Neigung, sich in Männer zu verlieben, denen es schwerfiel, sich darauf festzulegen.

Schon wenige Monate nach den ersten Treffen mit ihrem neuen Freund wurde Birgit schwanger, der Vater des Kindes bekam es – wie erwartet – mit der Angst zu tun. Er drängte sie nicht zur Abtreibung, aber er sagte ihr, dass ein Kind in ihrem gemeinsamen Leben zu früh käme. Und dass er die Entscheidung ihr überlasse und seiner Unterhaltspflicht nachkommen werde, wenn sie das Kind bekommen wolle. Das war vielleicht gar nicht als Drohung gemeint, aber für sie fühlte es sich doch so an.

Nun suchte Birgit den Rat ihrer engsten Freunde. Ich war einer der Letzten, die sie konsultierte. Ich sagte ihr, dass ich ihren Freund gut leiden könne, dass ich ihn aber eben auch für einen Angsthasen hielte und ihm nicht ganz traute. Und dass sie, wenn sie sich eine richtige Familie wünsche, in der Vater und Mutter sich um das Kind kümmern, doch lieber etwas warten solle. Obwohl ich es nicht aussprach, wollte ich ihr damit auch sagen, dass sie vielleicht einen etwas verlässlicheren Partner finden würde.

Birgit hatte während unseres Gespräches geweint, nun saß sie da, ziemlich stumm. Schließlich sagte sie:

»Das haben mir alle anderen auch schon so gesagt.«
Ich fühlte mich damals in meiner Meinung bestätigt,
statt gerade deswegen besonders alarmiert zu sein. Das
Recht auf Abtreibung war für mich selbstverständlich,
und daran hat sich bis heute nichts geändert. Ich kenne
auch unter katholischen Kirchgängern in Deutschland
kaum jemanden, der das Recht auf Selbstbestimmung
wieder abschaffen wollte. Damals aber, das wurde mir
ziemlich schnell klar, fehlte uns Dreißigjährigen etwas
sehr Entscheidendes – eine Ahnung davon, was für
eine Tragödie eine Abtreibung auslösen kann.

Birgit ließ abtreiben. Ich schickte ihr noch Blumen
ins Krankenhaus, auch das so eine Gedankenlosigkeit,
die gut gemeint war.

Mit Birgit und ihrem Freund kam es so, wie es meistens in solchen Fällen kommt: Birgit trennte sich von
ihm, weil sie sein Zaudern zu Recht auch als Zurückweisung verstanden hatte. Sie suchte mit großem inneren Druck einen neuen Mann. Ihr Freundeskreis
schaute zu, wie das Drama seinen Lauf nahm: Eine
Liaison nach der anderen ging in die Brüche. Vielleicht lag das gar nicht nur daran, dass sie sich immer
in bindungsunfähige Männer verliebte. Vielleicht lag
es auch daran, dass der eine oder andere, der es womöglich ernst meinte, zu schnell ihren großen Wunsch
nach einer Familie spürte und sich unter Druck gesetzt fühlte.

Inzwischen wohnten Birgit und ich nicht mehr in
derselben Stadt, wir trafen uns vor allem bei Geburtstags- und Hochzeitsfeiern gemeinsamer Freunde wieder. Ich ertappte mich dabei, wie ich mir in Gedanken

ausrechnete, wie alt ihr Kind jetzt wohl sein würde, wenn sie es bekommen hätte. Einmal erzählte ich ihrer besten Freundin davon. Sie schwieg, und ich merkte, dass sie sich genauso schämte wie ich. Die Probleme, die wir während ihrer Schwangerschaft auf Birgit hatten zukommen sehen, wirkten inzwischen so läppisch klein.

Dann endlich lernte Birgit einen Mann kennen, den wir alle für die Traumbesetzung hielten, was vielleicht auch wieder so eine Anmaßung war. Sie mochte ihn sehr, das spürte man – aber Liebe, das war dann doch etwas anderes. Jedenfalls war er zuverlässig und gut situiert, und er kümmerte sich äußerst fürsorglich um Birgit. Schon nach kurzer Zeit bekannte er sich zu einer gemeinsamen Familie.

Aber Birgit wurde nicht schwanger, obgleich sie es, wie ich über ihre Freundin erfuhr, Monat für Monat versuchte. Weil es aber partout nicht klappte, begann sie, ihre Unfruchtbarkeit als Strafe für ihre Abtreibung zu sehen. Als sie mir einmal davon erzählte, versuchte ich es ihr auszureden. Aber eigentlich fühlte ich mich so, als ob mein früheres Verhalten Teil der Schuld sei, die Birgit nun abtragen musste.

Die Jahre vergingen. Birgit und ihr Freund heirateten. Keiner der Freunde und Verwandten, die auf der Hochzeitsfeier eine launige Rede hielten, ging noch auf den Kinderwunsch ein.

Heute wohnen Birgit und ihr Mann in einem Penthouse in einer Großstadt, hoch über dem Wasser. Ihr Mann erzählte mir einmal, dass Birgit sich vehement gegen ein Haus mit Garten gewehrt hatte, das ihnen angeboten worden war. Ein Garten, habe sie gesagt, sei etwas für Familien mit Kindern.

Als meine Tochter zur Welt kam, schickte Birgit mir einen liebevollen Brief und einen Stoffhasen. Ich habe mich bis heute nicht getraut, ihr mein Kind zu zeigen.

# Mein größtes Dilemma: Gerechtigkeit
*oder*
Was ich verdiene, aber nicht bekomme

**1** Ich bin 54 Jahre alt. Ich verdiene Geld genug, um damit meiner Familie mit vier Kindern ein komfortables Leben zu ermöglichen. Wir wohnen in einer schönen Wohnung, fahren ein gutes Auto, die Kinder können studieren. Manchmal habe ich, wenn ich von einer Lesung nachts aus dem Theater nach Hause fahre, an einem einzigen Abend das Monatsgehalt einer Krankenschwester verdient, an guten Tagen sogar erheblich mehr. Ich kann das oft selbst nicht fassen, staune über diesen Erfolg wie ein Kind und freue mich daran.

Bloß stellt sich mir trotzdem die Frage: Ist das gerecht? Ist es in Ordnung, dass ich so viel mehr verdiene als ein gleichaltriger Bauarbeiter, der noch dazu in meinem Alter vielleicht körperlich bereits abgerackert ist oder sogar krank?

Ich lege mir meine Rechtfertigungen zurecht: Es dauert noch nicht sehr lange, dass ich so viel verdiene, früher war es bedeutend weniger. Ich habe dafür studiert, bin während des Studiums selten in Diskotheken gewesen, habe immer viel gearbeitet und mir mit allerhand Jobs etwas dazuverdient zu dem Geld, das mir meine Eltern geben konnten; es reichte oft nicht. Ich habe, weil ich Freiberufler bin, nahezu keine Rentenversicherung, muss mir fürs Alter selbst viel Geld zurücklegen und werde mit Sicherheit nicht mit 65 oder gar früher in Rente gehen können, weil ich kaum eine Rente bekommen werde. Ich habe, nebenbei gesagt, nur selten Achtstundentage, sondern arbeite oft bedeutend länger. Und ich zahle so viel Steuern, dass von diesem Geld einige Staatsangestellte leben können; also bin ich nicht der Einzige, der davon profitiert, dass ich gut verdiene.

Im Übrigen kann mein Erfolg schon im nächsten Jahr beendet sein. Es könnte sein, dass wir dann bedeutend bescheidener leben müssen. Die neurotische Angst, mir könnte ab morgen kein einziger vernünftiger Text mehr einfallen, lässt mich gelegentlich nachts in einem schweißnassen Pyjama aufwachen.

Risiken hat allerdings ein Arbeiter auch: Man kann ihn entlassen oder er muss kurzarbeiten. Er kann sein Schicksal viel weniger beeinflussen als ich, weil es von den Entscheidungen einiger Manager abhängt, die er oft nicht einmal kennt. Ich hingegen lebe im Gefühl, mein Leben selbst bestimmen zu können. Das ist viel wert. Und ich tue – was man auch nicht von jedem Berufstätigen sagen kann – meine Arbeit in der Regel richtig gern.

Nein, es ist nicht gerecht, dass ich so viel mehr Geld bekomme als jede Krankenschwester oder jeder Busfahrer. Aber es ist auch nicht gerecht, dass ich sehr (sehr!) viel weniger verdiene als der Fußballspieler Franck Ribéry. Obwohl es mir gut gefällt, dass einer mit seinem Herkommen es schafft, ein reicher Mann zu werden, nur mit dem, was er so gut kann wie wenige andere.

Es ist auch nicht gerecht, dass es mir wahrscheinlich nie gelingen wird, mit meiner Kopfarbeit ein Vermögen zusammenzutragen wie mancher Vorstandsvorsitzende, der nach einigen Jahren mittelmäßiger bis miserabler Arbeit aus einem laufenden Vertrag entlassen wird und sich dann, wenn er will oder keinen Job mehr findet, auf den Golfplätzen der Welt tummeln kann, während das Geld aus seiner Abfindung auf dem Konto für ihn arbeitet, das alles, weil eine Managerkaste sich risikolos gegenseitig selbst absichert.

Und es ist sogar schreiend ungerecht, dass ich in meinen Jahren als Zeitungsredakteur das Vermögen einiger Zeitungsverleger vergrößert habe, die sich ihre Unternehmensanteile nicht einmal erarbeitet, sondern sie nur von ihren Vätern geerbt hatten.

Alles ist ungerecht, ungerecht, ungerecht.

Ist es nicht übrigens sogar ungerecht, dass ein Arbeitsloser in Deutschland, ohne einen Finger zu rühren, sehr viel besser leben kann als ein Migrant aus dem Senegal, der sich unter unfassbar großen Entbehrungen und bei größter Lebensgefahr bis nach Italien oder Deutschland durchgeschlagen hat? Wobei es übrigens auch nicht gerecht ist, dass die Familie dieses Mannes in Afrika ihr Geld *für ihn* gespart und zusammengelegt hat – und nicht für einen anderen, seinen Bruder vielleicht, der deshalb im Senegal bleiben musste, weil das Geld nur für die Wanderschaft des einen reichte. Und im Grunde fängt die Ungerechtigkeit vielleicht schon damit an, dass die Natur den einen Bruder mit einer sehr viel robusteren Gesundheit und sehr viel größeren geistigen Gaben ausgestattet hat als den anderen.

Aber so gesehen ist es schließlich sogar ungerecht, dass der Braunbär in Kanada mit leichter Tatze Lachse aus dem Fluss angeln kann, während der Eisbär in der Arktis unter unwirtlichsten Bedingungen gegen das Aussterben ankämpfen muss.

Wir halten fest, *erstens*: Die Welt ist von vornherein immer ungerecht, ein Umstand, der wahrscheinlich schon in den Höhlen der Neandertaler erörtert worden ist, für den Sokrates und Thrasymachos in ihrem von Platon in der *Politeia* geschilderten Streit keine Lösung fanden, und dem der moderne Klassiker der Gerechtigkeitstheorie, der Amerikaner John Rawls, vor vierzig Jahren sein Hauptwerk widmete: *Eine Theorie der Gerechtigkeit*. Wer anfängt, sich mit der Frage nach Gerechtigkeit in der Welt auseinanderzusetzen, der öffnet ein Fass ohne Boden, zumal ja, nicht selten, Gerechtigkeit mit Gleichheit verwechselt wird, es aber doch die meisten von uns zutiefst ungerecht fänden, wenn man alle Menschen gleich behandeln würde.

*Zweitens*: Ob und was man als ungerecht empfindet, ist immer eine Frage des Bezugsrahmens, auch der persönlichen Einstellung.

*Drittens* wird einem, je länger man über das Thema nachdenkt, immer klarer, dass Gerechtigkeit zwar ein sehr relativer und außerordentlich schwer zu fassender Begriff ist, dass es nichtsdestoweniger aber ohne die Idee der Gerechtigkeit nicht geht, die dabei weniger einen Zustand als ein Ziel beschreibt. Denn das Wertvollste an der Gerechtigkeit ist nicht ihre schließlich-endliche und ja sowieso nie mögliche Herstellung, sondern das dauernde Streben nach ihr: der immerwährende Versuch, jedem Einzelnen seinen Respekt zu zeigen, indem man ihm gerecht zu werden versucht.

3 Ich lernte den Unternehmensberater H. kennen, als er gerade in eine Sinnkrise geraten war. Wir waren ungefähr im selben Alter, saßen stundenlang an einem Flughafen fest und kamen ins Reden, das heißt, er holte bald zu einem Monolog aus, es brach aus ihm heraus, als habe er seit Wochen mit niemandem mehr gesprochen.

Er hatte zuletzt ein Familienunternehmen beraten. Die Eigentümer litten unter einem Einbruch der Produktivität und der Rendite, sie wünschten sich ein »Optimierungs- und Restrukturierungskonzept«, versprachen aber, möglichst wenige Mitarbeiter zu entlassen. Sie sagten, das Betriebsklima sei gut, man wolle es nicht allzu sehr belasten.

Es sah nach einem Routineeinsatz aus. Er sprach lange mit den Eigentümern und Geschäftsführern, gemeinsam gingen sie eine lange Liste von Mitarbeitern durch. Zu einigen gaben sie Einschätzungen ab, die H. sich stichwortartig notierte. Danach machte er sich im Betrieb kundig. Zunächst schienen die Mitarbeiter verängstigt zu sein, wenn er mit ihnen sprach. Nach einiger Zeit aber, das war jedenfalls sein Eindruck, gewann er ihr Vertrauen. Es gab langgediente

Angestellte, die sich von seiner Arbeit so etwas wie eine Befreiung aus alten Verkrustungen versprachen. Die meisten waren lange dabei, das gehört zur Tradition des Unternehmens, aber gut, das fand er schnell heraus, war das Betriebsklima schon lange nicht mehr.

Dann unterlief ihm ein folgenschwerer Fehler, es war ein Versehen: H. ließ in einem Besprechungsraum Unterlagen liegen – unter anderen die kommentierte Personalliste. Ein Mitarbeiter fand sie und lief damit zum Betriebsrat, der Vorgang wurde im ganzen Haus bekannt.

H. war zu dieser Zeit im Urlaub. Genauer gesagt: Er war gerade mit einem Freund zu einer Expedition durch die große Salzwüste im iranischen Hochland aufgebrochen und nur über Satellitentelefon zu erreichen. Der Geschäftsführer rief ihn aufgebracht an und machte ihm schwere Vorhaltungen. H. solle so schnell wie möglich zurückkehren. Der Unternehmensberater brauchte vier Tage, um wieder einen Flughafen zu erreichen und zurückzufliegen.

Es waren Tage, in denen er sich zunächst Vorwürfe über die professionelle Fehlleistung machte und darüber nachdachte, wem er wohl mit seinen Notizen Schaden zugefügt haben könnte. Dann aber, davon war er selbst am meisten überrascht, wähnte er sich plötzlich selbst als Opfer. Er hatte ja zu diesem Zeitpunkt nur karge Informationen, und seine Fantasie baute sie nun zu einem sinnfressenden Monster auf. Warum war der Geschäftsführer plötzlich so ungehalten?, fragte sich H. Konnte es überhaupt sein, dass er Unterlagen vergessen hatte? Roch das nicht alles nach einer bösartigen Intrige gegen ihn selbst, weil er Systemfehler im Unternehmen entdeckt hatte, die den Eigentümern und Geschäftsführern inzwischen bedrohlicher erschienen als den Mitarbeitern, die ursprünglich auf dem Prüfstand gestanden hatten? »Ich fühlte mich an Kriminalfilme erinnert, bei denen der Mann, der vorgab, einen Mord aufzuklären, sich am Ende selbst als Mörder entpuppte.«

H. dachte über den Fall nach und über seine Arbeit als Berater. Und er begann das System zu hassen, in dem er sich bewegte. Nie zuvor, sagte er, habe er sich so einsam gefühlt wie in diesen Tagen.

Dies war aber nur der erste Teil der Geschichte, die H. loswerden wollte, von der er selbst sagte, dass sie wie ein Hollywood-Schinken wirke, dramatisch, anrührend, gegen Ende eben auch hoffnungsvoll – und gefährlich nah am Kitsch, aber nur, wenn man sie nicht selbst erlebt habe.

Als H. in das Unternehmen zurückkehrte, musste er sich zunächst den enttäuschten Mitarbeitern stellen. Er sagte ihnen, er habe in seiner Personalliste nur die Beurteilungen der Vorgesetzten übernommen, er selbst habe die Mitarbeiter doch gar nicht persönlich gekannt. Besonders war den Kollegen ein böses Wort aufgestoßen, das H. hinter den Namen einer Frau geschrieben hatte, die die Älteste in ihrem Team war: »Sozialfall«. H. sagte, er wolle sich stellen, er werde mit der Frau persönlich sprechen.

Und so verabredeten sie sich in einem Café in einer Großstadt, der Unternehmensberater und die Mitarbeiterin, die ihre Chefs als Sozialfall stigmatisiert hatten. Da stand H. eine gestandene Frau gegenüber, die ihm in die Augen schaute und ihn mit festem Handschlag begrüßte. Noch bevor sie sich setzten, fragte sie ihn: »Warum machen Sie so etwas? Sie kennen mich doch gar nicht.« Die Frau erzählte ihm, was sie in den vergangenen Jahren durchgemacht hatte, wobei es ihr wichtig war, nicht den Eindruck zu erwecken, als wolle sie Mitleid erheischen. Ihr Mann hatte sich das Leben genommen, und sie war jahrelang von der Rolle gewesen. Sie hatte schnell gespürt, dass die Kollegen mit ihrer Arbeit nicht mehr zufrieden waren, sie konnte das sogar verstehen. Sie hatte sich ihnen auch gelegentlich verweigert, aus Stolz und Trotz, wie sie sagte.

H. sagte mir, erst in diesem Moment habe er wirklich gespürt, was er da angerichtet hatte.

Er habe immer geglaubt, er sei ein Mensch, der sich gut im Griff habe, ein gestandener Profi, ein erfahrener Familienvater. Im Verlauf des Gesprächs aber passierte etwas, was er im Leben nicht für möglich gehalten hätte. H. fing vor der Frau und mitten im Café an zu weinen. Da nahm der Sozialfall seine Hand und sagte: »Das kriegen wir schon wieder hin, Herr H.«

Die Frau blieb in dem Unternehmen, die Kollegen solidarisierten sich mit ihr, und weil sie von der Angst befreit war, dass jemand schlecht über ihre Arbeit reden könnte, lief sie nicht nur zu alter Stärke auf, sie war, wie es ein Vorgesetzter Herrn H. bescheinigte, so gut wie nie zuvor. Die Frau und Herr H. halten bis heute Kontakt.

So weit das Hollywood-Finale. Aber Herr H. war noch lange nicht am Ende. Jetzt kam er auf seine Arbeit im Allgemeinen zu sprechen, redete über die Manager, die er bislang kennengelernt hatte: Es war die Anamnese eines Systems, das krank ist und krank macht. H. berichtete von seinen Erfahrungen mit Spitzenkräften kleiner und großer Unternehmen, bis hinauf zu DAX-Vorständen. »Sie werden es nicht glauben«, sagte er, »aber wissen Sie, wovor diese Menschen die größte Angst haben? Es ist die Angst, dass jemand durchschauen könnte, dass sie ihren Aufgaben im Prinzip nicht gewachsen sind.«

»Warum sollten sie sich so verwundbar fühlen?«, fragte ich. »Meistens handelt es sich doch um hartgesottene Profis mit langer Berufserfahrung.« Aber H. rückte nicht von seiner These ab, er spitzte sie eher noch zu. Seine Formel lautete: Je mehr Angst die Angestellten einer Firma haben und je mehr Druck sie bekommen, desto mehr schwindet bei ihnen der Überblick und, schlimmer noch, das Gefühl für die eigenen Stärken. Das gelte für alle Ebenen der Hierarchie.

Vieles davon sei gewiss der Schnelllebigkeit und auch der großen Unwägbarkeit unserer Zeit geschuldet, aber das habe einen uralten Mechanismus nur verstärkt, nicht erst geschaffen. »Die Leute gehen in die Kantine und quälen sich mit der Frage: Was denken die da am Nebentisch über mich? Und auf dem Weg zum Fahrstuhl treffen sie dann vielleicht noch einen Vorgesetzten oder einen Kollegen, der, weil selbst mit einem Problem befasst, grußlos vorübergeht – und schon kann aus einer anfangs vagabundierenden Angst eine Obsession werden. Und je älter die Beschäftigten sind, desto mehr wächst aus Unsicherheit die Neigung dazu.«

H. sagte, die individualpsychologische Ebene interessiere ihn gar nicht so sehr, viel mehr beschäftigten ihn die Auswirkungen auf die Unternehmen, für die er arbeite. Wenn die Mitarbeiter Angst hätten, bauten sie Fassaden auf und neigten dazu, sich immer stärker dahinter zu verstecken und nach Möglichkeit keine Entscheidungen zu treffen, mit denen sie etwas riskieren. »Sie können es nämlich drehen und wenden, wie Sie wollen: Wer etwas anpackt, der macht Fehler.«

Gibt es einen Ausweg aus diesem pathologischen System? Man merkte H. an, dass er sich selbst nicht besser machen wollte, als er war. Es gebe kein Unternehmen, in dem es keine Härten, keine Ungerechtigkeiten und keine Angst gebe – und keinen Unternehmensberater, der daran völlig unschuldig sei. Aber eines sei ihm über die Jahrzehnte schon aufgefallen, sagte er und redete nun wie ein Gewerkschaftssprecher, obgleich er sich später als FDP-Wähler zu erkennen gab: »Der Respekt vor dem Mitarbeiter ist völlig verloren gegangen.«

Und dann plädierte er doch noch für eine neue Unternehmenskultur: »Offenheit, Offenheit, Offenheit!« Jeder Chef müsse bekennen, was er erwarte, sonst sei er kein Chef. Und wenn es ein Problem mit einem Mitarbeiter gebe, dann helfe am ehesten die Ansage, dass man es mit ihm zusammen lösen wolle. »Ich bin kein Guru«, sagte H. »Aber Sie glauben gar nicht, was für Kräfte Menschen entfalten, wenn sie sich nicht mehr in der Defensive sehen.«

Ich finde es übrigens immer wieder erstaunlich zu sehen, welche Energien in Menschen stecken können, ohne dass man sie erkennt, ja, wie unter ganz unterschiedlichen Voraussetzungen diese inneren Kräfte entweder gelähmt oder geweckt werden können.

In meiner Abiturklasse gab es einen Schüler, M., der unbedingt Medizin studieren wollte. Unglücklicherweise war er der schlechteste Schüler unter uns, und der Numerus clausus in Medizin war damals außerordentlich streng.

Diesen Freund quälte lange Zeit ein Satz unseres Mathematiklehrers, der eines Tages dem vor ihm Sitzenden bei der Rückgabe einer Schularbeit sagte: »Dich sehe ich doch bei der Müllabfuhr wieder.«

»Hat er wirklich ›Müllabfuhr‹ gesagt?«, fragte ich meinen Mitschüler, als ich ihn vor Kurzem wieder einmal anrief, um mich der Richtigkeit meiner Erinnerung zu vergewissern.

»Nein, ›am Bankschalter‹ hat er gesagt. Aber das ist egal, es klang für mich wie ›Müllabfuhr‹, ein Leben am Bankschalter wäre für mich das Gleiche wie bei der ›Müllabfuhr‹ gewesen.«

Es war so herabsetzend und verachtungsvoll gemeint, wie es klingt, und noch nach der Schulzeit erzählte mir M. viele Jahre lang diese Geschichte immer neu, so tief saß dieser Stachel in ihm. So sehr hatte sich ihm eingeprägt, dass die Schule ihn nicht mochte und er deshalb auch die Schule nicht.

Seine Abiturnoten waren entsprechend.

Aber sein Wille, Arzt zu werden, war so groß, dass er nach langem Suchen herausfand, in Belgien sei es auch mit schlechteren Noten möglich, Medizin zu studieren. Das Problem war nur, dass man in Belgien Französisch spricht, und dass er auch in Französisch nicht eben Klassenprimus gewesen war.

Nun begann er aber, Französisch zu lernen. Und er zog nach Brüssel, studierte dort Medizin, in französischer Sprache. Er wurde ein leidenschaftlich für seinen Beruf engagierter Arzt, der heute Oberarzt an einer Klinik in den neuen Ländern ist.

Sein Abiturzeugnis hing viele Jahre lang an der Wand seiner Toilette.


Ich erinnere mich an einen schönen Abend in München. Ich saß mit meiner Frau bei einem stadtbekannten Italiener, einem schillernden Neapolitaner mit stechenden Augen, einer großen Nase und langen schwarzen, nach hinten gekämmten Haaren. In seinem Gesicht lag stets eine Andeutung von Spott, er sah aus wie eine Figur aus einem Grand-Guignol. Dieser Wirt hatte es in der Stadt zu einigem Ansehen gebracht und sich einen Michelin-Stern erarbeitet. Sein zweites Lokal war zu einem Anziehungspunkt für die Münchner Prominenz geworden.

Ich hatte an diesem Tag einen Vertrag unterschrieben, der mich zu einer anderen Zeitung und in eine andere Stadt brachte. Spät am Abend merkte ich, wie mir mulmig wurde. Der Wirt setzte sich zu mir an den Tisch und fragte: »Freust du dich nicht?« Ich hatte schon ein bisschen zu viel Rotwein getrunken, deshalb rutschte mir ein vertrauensseliger Satz heraus: »Doch, aber wenn ich an die neue Aufgabe denke, fühle ich mich ein bisschen wie ein Hochstapler.« Da sprach der Wirt einen Satz, in dem die ganze neapolitanische Philosophie eines Jahrhunderte währenden Überlebenskampfes verdichtet war: »Aber wenn du ein richtig guter Hochstapler bist, merkt das keiner.«

Sein Lachen hallte in meinen Ohren noch lange nach.

Die bittere Pointe daran: Als ich sein Lokal während meines ersten Heimaturlaubs in München wieder besuchen wollte, war es nicht mehr da. Der Wirt hatte sich von einem Tag auf den anderen aus dem Staub gemacht, einen Haufen Schulden zurückgelassen und die Gehälter seiner Mitarbeiter nicht gezahlt. Die letzte Nachricht, die ich von ihm erhielt, war, dass er sich in einem Ort in der Nähe von Neapel eine neue Existenz aufgebaut habe.

## 7

Das Gefühl, ein Hochstapler zu sein, kenne ich gut. Wie oft habe ich mich schon so gefühlt? Du gehörst hier nicht hin. Du kannst das doch gar nicht, was man von dir erwartet (und von dem du ja selbst vorgegeben hast, es zu können). Das ging mir schon als Kind so, wenn ich in den Häusern der wohlhabenden Eltern mancher Mitschüler zu Besuch war. Es ist heute nicht viel anders, wenn ich in einem schönen Hotel wohne. Oft denke ich, gleich macht einer die Tür auf und fragt mich, wie *ich* denn hierhergekommen sei ...

Woran liegt das? An meinem Herkommen? Ich bin ja nicht mehr da, wo ich herkam. Mir fehlt oft ein festes inneres Vertrauen in meine Fähigkeiten, die in der Welt meiner Eltern keine wirkliche Rolle spielten und mit denen ich bei ihnen auf keine große innere Resonanz stieß. Sie waren nicht wirklich zu begeistern mit dem, was ich tat – oder wenn sie begeistert waren, zeigten sie es nicht, ich hörte das dann allenfalls von anderen: dass sie stolz waren. Eine berufliche Entscheidung wie die, meine Anstellung bei der Zeitung zu verlassen und freier Schriftsteller zu werden, hätte meinen Vater, dem Sicherheit über alles ging, geradezu mit Panik erfüllt – und ich selbst spüre diese Vaterangst logischerweise natürlich immer wieder in mir.

Ich bin ja auch ein Kind der Aufstiegsgesellschaft, die es einmal gab und natürlich immer noch gibt und der wir viel verdanken. Mein Vater hatte kein Abitur, sondern mittlere Reife, aber am Ende hatte er sich auf einen Posten hinaufgearbeitet, für den man eigentlich das Abitur gebraucht hätte. Alle seine Söhne machten am Ende Abitur, und es öffnete sich für sie eine weitaus größere Welt als jene, die sie als Kinder kannten. Allein zwei von ihnen wurden Journalisten, ein berühmtes Zitat bestätigend, das Raymond Walter Apple zugeschrieben wird, der lange einer der großen Reporter der *New York Times* war: Journalismus ist für die Mittelschicht, was Boxen für die Unterschicht bedeutet: eine Möglichkeit, schnell anerkannt zu werden, zu Geld und nach oben zu kommen.

Die Wahrheit über Hochstapler aber ist: Ich fühle mich nicht nur wie einer, ich bin wirklich einer. Oder ich *war* einer, ein kleiner jedenfalls, doch ein guter. Als ich Anfang der Achtzigerjahre als Sportreporter bei der *Süddeutschen Zeitung* anfing, fand gleich zu Beginn meiner Zeit dort eine alpine Ski-Weltmeisterschaft statt, ein großes Ereignis, bei dem man sich als Reporter schnell einen Namen machen konnte. Ein Mann dafür wurde noch gesucht. Der Chef fragte in die Runde, wer sich das zutraue. Er müsse etwas vom Skisport verstehen und selbst Ski fahren können.

Ich hörte, wie eine Stimme, die wie meine klang, sagte: »Ich«. Und ich sah, wie ein Finger, der wie mein Finger aussah, in die Höhe ging – obwohl ich damals mit Mühe einen Spezial- von einem Riesenslalom unterscheiden konnte und nie auch nur einen einzigen Hang auf Skiern heruntergefahren war.

Sie nahmen mich. Bei der Ski-WM regnete es dann fast die ganze Zeit, sodass zunächst nur wenige Rennen stattfanden und ich eine lustige Regenglosse nach der anderen schreiben musste, was mir gut gelang. Dass ich nicht Ski fahren konnte, fiel nicht weiter auf.

Ich habe es dann viel später gelernt. Da war ich aber nicht mehr Skireporter.

8 Gott sei Dank bin ich nicht mehr Skireporter. Es hätte mich irgendwann gelangweilt, als erwachsener Mann immer noch die Nachfolger Hans Klammers nach dem Abschwingen im Zielbereich über ihre Empfindungen beim Abfahrtslauf zu befragen und ihre nichtssagenden Antworten zu notieren. Ich konnte mich anders weiterentwickeln und Karriere machen, konnte reisen, meinen Neigungen nachgehen – und gleichzeitig vier Kinder haben. Natürlich habe ich oft abends, nachts und an den Wochenenden geächzt (und ächze immer noch):

dass ich mich jetzt nicht entspannen könne, sondern für die Kinder präsent sein müsse, dass ich keine Zeit mehr für mich hätte, dass mich die Verantwortung drücke, dass, dass, dass ...

Nur muss man, wenn es um Gerechtigkeit geht, auch erwähnen, dass alle meine Kinder immer eine Mutter hatten, die für sie da war (und ist), wenn sie nach Hause kamen (und kommen), eine Mutter, die ihren eigenen beruflichen Ambitionen nur in reduzierter Weise nachgehen konnte (und kann). In meiner eigenen Kindheit war das noch eine Selbstverständlichkeit, es gab nur wenige verheiratete arbeitende Frauen mit Kindern – und wenn es sie gab, wurden sie oft scheel angesehen oder vielmehr: Ihre Männer galten als Luschen, die ihre Familie nicht ernähren konnten. Wie es einer meiner Onkels einmal ausdrückte, über einen Nachbarn redend, dessen Frau als Haushaltshilfe Geld verdiente: »Der«, sagte er abfällig, »schickt seine Frau arbeiten.«

Heute, eine Generation weiter, gibt es Frauen mit Kindern, die auch noch berufstätig sind, und Frauen mit Kindern, die ihren Beruf nicht ausüben. Es gehört zu den Dingen, die ich an heutigen Familien bewundere: wie sie es oft schaffen, Rollenverteilungen, die ja bei unseren Eltern noch ganz strikt und selbstverständlich von vorneherein fixiert waren, immer wieder neu und ganz individuell für sich auszuhandeln – das ist nämlich, wie jeder Betroffene weiß, sehr anstrengend. Es ist jedoch ein Fortschritt.

Aber: Die nicht berufstätigen Frauen werden häufig in Gesprächen gefragt, was sie denn beruflich so machten, und wenn sie antworten, sie seien im Moment nicht berufstätig, der Kinder wegen, schwingt in den Reaktionen darauf oft der überraschte Unterton mit: »Ach, und sonst haben Sie nichts zu tun ...?« Die Berufstätigen müssen sich mit dem genau gegenteiligen Subtext in dem auseinandersetzen, was ihr Gegenüber sagt: »Und Ihre armen Kinder, wer kümmert sich um die?«

Dass es so ist, weiß ich übrigens von meiner Frau. Ich selbst bin so etwas nie gefragt worden.

Was sehr ungerecht ist.

9 Ich kenne keinen jüngeren Chef in Deutschland, der nicht irgendwann einen merkwürdigen Drang verspürte; mir selbst ist es auch nicht anders ergangen: Kaum sitzt er einigermaßen fest im Sattel, nagt in ihm der Verdacht, dass es noch viel besser laufen könnte, wenn man es nur schaffte, einen Teil der alten Mitarbeiter zu entlassen. Jeder hat inzwischen jüngere, oft sympathischere und besser motivierte Kollegen vor Augen, die in der Regel auch noch für niedrigere Gehälter zu haben wären. Er denkt sich (und mancher versucht es auch): Könnte ich die Alten bloß loswerden! Was die meisten nicht sagen, vielleicht auch, weil es ihnen gar nicht so bewusst ist: Die Älteren sind immer auch eine Erinnerung an die eigenen Vorgänger, die ihren Job, wie man mit der Zeit merkt, zwar anders, aber auch nicht schlechter gemacht haben, eine Erkenntnis, die für Egomanen etwas Kränkendes hat.

Weil es in Deutschland, im Unterschied zu Nachbarländern wie der Schweiz oder Dänemark, sehr schwer ist, altgediente Mitarbeiter zu entlassen, und weil manche darunter sind, die sich womöglich auch aus einem

Gefühl der Bedrohung heraus in den Betriebsrat wählen lassen (weshalb sie auf Jahre erst recht unantastbar sind), fangen einige an, ganz furchtbar auf das deutsche Modell zu schimpfen. Aber abgesehen davon, dass auch das deutsche Arbeitsrecht längst nicht mehr so starr angewendet wird, erkennen sie eines nicht oder viel zu spät: Gute Unternehmen brauchen den Mix der Generationen und Talente.

Wahrscheinlich ist es auch so, dass man einen gewissen Prozentsatz von Mitarbeitern, die nicht so gut sind wie die Spitzenkräfte, einfach mittragen muss. Denn zum einen ist eine objektive Einschätzung der realen Fähigkeiten nahezu ein Ding der Unmöglichkeit und dann auch noch abhängig von den eigenen Führungsqualitäten. Zum anderen stehen viele Unternehmen bereits an der Schwelle zum Effizienzwahn. Das Modell einer Firma, in der nur Leistungsträger arbeiten, ist eine Utopie; sie zu verwirklichen schaffte in letzter Konsequenz ein System, in dem jeder permanent unter der Bedrohung arbeiten müsste, den Anforderungen nicht zu genügen und schnell wieder abgeworfen zu werden. Wie man es auch anstellte: Die totale Effizienz (wie übrigens auch die Idee der totalen Gerechtigkeit) führt, wie bislang alle utopischen Vorstellungen, in ein System der Willkür.

Wie fühlt sich einer, der Mitarbeiter entlässt – glaubt er, gerecht zu sein? Macht es ihm überhaupt etwas aus? Ich habe diese Frage oft Managern gestellt, seltener, was ein Versäumnis ist, den Eignern von Unternehmen, in deren Namen das geschieht; manchmal habe ich auch die Inhaber kleiner Agenturen, Wirte oder Chefredakteure (was gelegentlich auch meiner eigenen Orientierung und Entlastung diente) damit konfrontiert. Nie habe ich einen getroffen, der nicht als Erstes bemerkt hätte, wie schwer das sei. Wobei schon auffällt, dass einige gleich derart gequält tun, dass sich die Rollen zu verkehren scheinen: Die wirkliche Zumutung muss ja nun mal der ertragen, der entlassen wird – nicht der Chef, der sich überwinden muss, die schlechte Nachricht zu verkünden. Einzelne verfallen in einen abstoßend wirkenden Kriegsslang, der vielleicht auch ein besonders schlechtes Gewissen übertönen soll, aber vor allem so wirkt, als sei das Mitgefühl für die Betroffenen ähnlich gering ausgeprägt wie beim siegreichen Feldherrn, der nach dem Kampf das mit Opfern übersäte Schlachtfeld abschreitet: »Als wir damals den Laden übernommen haben«, sagte mir einmal der Vorstand eines großen Unternehmens, natürlich *off the record*, »sind wir monatelang kniehoch durch Blut gewatet.«

Die Parallele zu kriegerischen Auseinandersetzungen ist natürlich eine Gemeinheit, vielleicht auch unzulässig, ich weiß das. Aber es gibt doch eine Gemeinsamkeit zwischen Menschen, die Soldaten in den Krieg schicken, und Führungskräften, die ihre Mitarbeiter entlassen: Aus der Perspektive der Opfer ist ihr Tun nur sehr schwer zu rechtfertigen. Welcher der Verantwortlichen fände zum Beispiel noch Worte für den Militärschlag in der Nacht vom 4. auf den 5. September 2009, wenn er zum Beispiel vor Abdul Hanan stünde, der noch vor Sonnenaufgang die Leichen seiner beiden Söhne Sanullah, 11 Jahre alt, und Abdul Daian, 13 Jahre alt, und weiterer Verwandter südlich von Kunduz fand? Sie waren in der Nacht elendig verbrannt, als amerikanische Kampfjets auf Anforderung eines deutschen Kommandeurs in Afghanistan zwei von Taliban entführte Tanklastzüge bombardiert hatten.

Also flüchten sie sich in Distanz zum Tatort und in übergeordnete Begründungen, etwa für die Mission der Bundeswehr in Afghanistan. Das Problem ist aber nicht, dass es keine guten Gründe für den Einsatz gäbe, humanitäre wie militärische. Das Problem im Krieg wie in der Wirtschaft ist, dass die Kluft zwischen Begründung und Realität einer Entscheidung mit der Zeit immer größer wird. Kaum einer kann die Lücke argumentativ schließen, ohne in Gewissensnot zu geraten. Weil es jedoch nur wenige Menschen vermögen, ständig ihr Gewissen zu befragen (schon aus Mangel an Gelegenheiten), fangen die meisten an, sich selbst zu belügen.

Nur ein Sadist könnte es fertigbringen, die angeblich zum Sozialfall gewordene Sechzigjährige von ihrer Stelle zu drängen, wäre ihm die Frau vorher persönlich bekannt gewesen. Hätte er von ihr persönlich ihre Not erfahren – dann erginge es ihm wahrscheinlich wie dem Unternehmensberater H. Führungskräfte versuchen deshalb, anders als die Inhaber kleiner Betriebe, die ihre Mitarbeiter ständig bei der Arbeit beobachten können, ihre Entscheidungen gerade nicht aus der Perspektive des Einzelnen zu begründen, sondern aus übergeordneten Erwägungen: Wenn ich jetzt nicht zehn Prozent des Personals entlasse, dann ist die Existenz aller im Unternehmen bedroht, nicht nur die jener zehn Prozent, die von der Kündigung betroffen sind. Meine Pflicht ist es, das Auskommen der großen Mehrheit abzusichern.

Natürlich ist das sehr oft die Wahrheit. Aber eben nicht immer die ganze. Der Chef weiß nämlich auch: Manchmal hängen seine eigene Weiterbeschäftigung und seine Jahres-Tantieme davon ab, dass er im Unternehmen rationalisiert. Meistens muss er das tatsächlich tun, weil der Markt ihn dazu zwingt; manchmal aber nur, um einer zuvor noch undenkbaren Renditeerwartung gerecht zu werden, und in seltenen Fällen auch im vollen Bewusstsein darüber, dass die geforderten Entlassungen eine Fehlentscheidung sind (oder die Konsequenz eines vorangegangenen Fehlers desselben Managements). Ich kenne kaum Geschichten, bei denen die Verantwortlichen dann ihrem Gewissen gefolgt wären.

**10** Wenn Gerechtigkeit weniger ein Zustand als ein Prozess ist, dann muss, finde ich, unsere größte Sorge sein, dass dieser Prozess funktioniert. Es muss also möglich sein, dass die inneren Kräfte jedes Menschen geweckt werden und dass er aus ihnen etwas machen kann. Unsere Gesellschaft muss eine Gesellschaft der fairen *Chancen* sein, der individuellen Entwicklungsmöglichkeiten. Aber ist sie das?

Nein, sie entwickelt sich sogar in die andere Richtung. Viele Untersuchungen, noch mehr persönliche Wahrnehmungen weisen darauf hin, dass sich die Schichten in Deutschland voneinander abschotten, dass es nicht leichter, sondern schwieriger wird aufzusteigen, und dass unser Bildungssystem diese Entwicklung nicht ändert, sondern geradezu zementiert.

Als ich zur Schule ging, war es normal, dass Kinder aller Schichten gemeinsam zur staatlichen Schule gingen. Private Schulen und Internate waren etwas für den Nachwuchs reicher Leute, dessen Begabungen nicht ausreichten, um auf einer Staatsschule zu reüssieren, oder dessen Eltern weder Zeit noch Lust hatten, sich um die Kinder zu kümmern.

Heute kenne ich viele Wohlhabende, die ihre Kinder von vorneherein auf private Schulen schicken oder ihnen mit viel Geld einige Jahre auf englischen Colleges ermöglichen. Der Mangel an Kindertagesstätten lässt private Kindergärten aus dem Boden schießen, in denen die Eltern selbst über die Aufnahme neuer Kinder entscheiden; kein türkisches oder bosnisches Kind hätte da die geringste Chance, schon aus Kostengründen. Und wenn Eltern mit ihren Kindern nicht an private Institute fliehen, weil sie das auch nicht immer können, so verlassen sie doch oft zumindest jene öffentlichen Schulen, die ihnen nicht mehr aussichtsreich oder überhaupt erträglich scheinen. Ende 2008 beklagten 68 Schulleiter im Berliner Bezirk Mitte in einem Brief an den Regierenden Bürgermeister die Gettoisierung ihres Bezirks.

Wobei ich nichts gegen private Schulen habe. Zwei meiner Kinder waren Waldorfschüler, indes vor allem, weil wir, als sie eingeschult wurden, beinahe neben einer Waldorfschule wohnten, während die nächste Staatsschule nur mit dem Bus erreichbar war. Aber natürlich auch, weil wir damals den Traum von einer anderen Schule vor Augen hatten, besser als die, die wir selbst erlebt hatten.

Was aber, wenn das Bildungssystem immer weniger dazu beiträgt, unsere Gesellschaft durchlässiger und chancenreicher zu machen?

Die Sozialforscherin Renate Köcher hat 2009 konstatiert, die Unterschiede zwischen den sozialen Schichten in Deutschland seien »in den letzten Jahren und Jahrzehnten keineswegs geringer geworden, sondern größer, materiell wie in Bezug auf Weltbilder und Mentalität«. Während die oberen Schichten wohlhabender würden und die Einkommen in der Mittelschicht stagnierten, sei das frei verfügbare Geld einer Familie in den unteren Schichten sogar in Wirklichkeit niedriger als Mitte der Neunzigerjahre.

Was aber viel wichtiger ist: In diesen unteren Schichten gebe es, so Köcher, einen »Statusfatalismus«, der gesellschaftlichen Aufstieg weitgehend ausschließe. Aufstiegschancen würden »eher in der Mittel- und Oberschicht angesiedelt als in der Schicht, für die der Aufstieg wirklich eine völlige Veränderung ihrer Lebenslage und Aussichten bedeutete«.

Nach wie vor hängen Bildungsweg und schulische Erfolge der Kinder in Deutschland, anders als in vielen anderen Ländern, eng mit der Schichtzugehörigkeit und dem Bildungshintergrund des Elternhauses zusammen, ein Satz, den ich heute so schreiben kann, wie ich ihn in den Achtzigerjahren als bildungspolitischer Redakteur der *Süddeutschen Zeitung* geschrieben habe. Wenig hat sich seitdem verändert, im Gegenteil.

Das Führungspersonal unserer Wirtschaft rekrutiert sich zu mehr als drei Vierteln aus der oberen Bürgerschicht, die Elite bleibt unter sich. Eine große Mehrheit der unteren zwanzig Prozent der deutschen Gesellschaft, schreibt Köcher, »bekennt sich freimütig dazu, sich kaum mit gesellschaftlichen und politischen Entwicklungen zu beschäftigen, sondern ausschließlich mit dem eigenen Nahbereich«.

Die Duisburgerin Lamya Kaddor, die als muslimische Religionspädagogin an einer Hauptschule im Problemviertel Lohberg arbeitet und unter dem Titel *Muslimisch – weiblich – deutsch!* ein Buch über einen moderneren Islam in Deutschland schrieb, hat dem Berliner *Tagesspiegel* einmal auf die Frage geantwortet, warum sie, trotz ähnlicher familiärer Voraussetzungen, sich selbst so anders entwickelt habe als viele ihrer jetzigen Schüler: »Als ich acht Jahre war, sind wir in einen Stadtteil gezogen, wo es eine gute Schule gab. Das war mein Glück, so bin ich nicht in einem Getto aufgewachsen wie viele meiner Schüler. Alle um sie herum sind so wie sie. Keiner ist klüger, ehrgeiziger. Alle leben in den Tag hinein. Meine Eltern kommen aus Syrien, aus dem städtischen Umfeld. Sie sind auch schulisch ungebildet. Aber Disziplin, sich bilden – das war ein großer Wert bei uns. Ich wurde immer gefragt, wie eine Klausur gelaufen ist, meine Mutter war hinterher, dass ich Hausaufgaben mache, auch wenn sie inhaltlich nichts verstanden hat.«

Ungleichheit ist heute für viele kein Ansporn mehr, sie lähmt. Und wir akzeptieren resigniert, dass in Deutschland fast jedes sechste Kind unter fünfzehn Jahren von Hartz IV lebt und dass viele von dieser prägenden Lebenserfahrung vielleicht später nicht mehr loskommen werden.

# Meine Krankheit namens Angst

*oder*

Warum Anna mir half, aber ich nicht ihr

**1** Als die große Angst ihn zum ersten Mal erfasste – dies erzählt mir R. (der damals noch nicht mein Freund war, es aber bald wurde) –, habe er nicht gewusst, dass es Angst gewesen sei. Etwas habe ihn angesprungen wie ein wildes Tier, sei in ihn eingedrungen, habe ihn ausgefüllt und, wie er dachte, zu töten versucht. »Du fühlst«, berichtet er über seine damaligen Empfindungen, »es ist zu Ende. Du hältst es nicht mehr aus. Was, weißt du nicht. Du denkst: Weg, nichts wie weg von hier. Wohin, weißt du nicht. Aber weg.«

Er fuhr mit der U-Bahn zur Arbeit, als sein Herz plötzlich zu rasen begann. Überall brach ihm Schweiß aus. Er versuchte, ein normales Gesicht zu machen, sich normal zu bewegen. Im Büro war es nicht mehr zu ertragen. Er bat die Sekretärin, ein Taxi zum Hospital zu rufen. Dann legte er sich auf den Boden und dachte an den Tod. Er glaubte, am Herzinfarkt zu sterben. Ein Notarzt brachte ihn ins Krankenhaus. Dort wurde er sofort ruhig. Zehn Tage lang untersuchte man sein Herz, seinen Kreislauf, sein Hirn, ergebnislos. Er sei gesund, hieß es. Er packte seine Sachen, verließ das Haus, stieg in die U-Bahn.

Und bekam sofort den nächsten Anfall.

R. sitzt, während er das erzählt, gelassen am Tisch eines Kaffeehauses. Er hebt den Arm, zeigt in die Richtung der Treppe und sagt, in den Jahren, die folgten, habe es Tage gegeben, an denen hätte er nicht aufstehen und von hier zur Toilette gehen können. Immer wieder sei er von jener Panik attackiert worden, so schlimm oft, dass er sich – er packt den Tisch mit beiden Händen – habe festhalten müssen, derartig habe es ihn geschüttelt.

Es? Was? Er habe es nicht gewusst. Er schlief kaum noch, lief nachts durch die Straßen, verließ Frau und Kind, wohnte bei einem Freund. Aber er konnte, gerade noch, seinem Beruf nachgehen, als Geschäftsführer eines großen Interessenverbandes. Manchmal kamen die Anfälle mitten in einem Meeting. Niemand merkte, dass da einer saß, der dem Tod ins Auge zu blicken glaubte, während die anderen diskutierten. Schließlich stand er nachts am offenen Fenster und dachte: Nun springst du, damit ein Ende ist.

Denn der Tod ist der einzige Ort, an dem man den Tod nicht fürchten muss.

Etwas hielt ihn zurück. Er fuhr, weil er sich inzwischen einfach für verrückt hielt, in eine psychiatrische Klinik. Man versorgte ihn mit Tranquilizern, »das ließ mich schlafen«. Er begann eine Verhaltenstherapie, brach sie ab, begann eine Psychoanalyse, brach sie nicht ab, hörte, nach einem Jahr, von einer Selbsthilfegruppe, in der sich Leute zusammengeschlossen hatten, die unter chronischer Angst litten.

Dorthin ging er.

Sie waren zu acht. Alle erzählten Geschichten wie seine. Zum ersten Mal wurde ihm klar, womit er kämpfte: mit einer rasend gewordenen, brutalen Macht namens Angst. Niemand könne sich vorstellen, was die Gruppe für ihn bedeutet habe, »lauter normale, sympathische Leute wie du und ich«, sagt er. »Es war eine unglaubliche Hilfe zu sehen, dass ich nicht verrückt bin.« Er wisse heute, dass es eine Menge Leute gebe, auch Manager in hohen Positionen, die krank vor Angst seien.

Und die mit niemandem darüber redeten.

Für ihn aber bedeutete es die Rettung zu sehen, dass er mit seinem Leiden nicht allein war.

**2** Meine Geschichte mit Anna gibt mir nach vielen Jahren noch das Gefühl, gefehlt zu haben, wenn auch auf eine ganz geschickte Art und Weise: Vorwerfen kann man mir wenig, ich habe ja nichts gemacht. Aber genau das ist das Problem.

Ich lernte Anna Ende der Neunzigerjahre kennen, und sie gefiel mir sehr: hübsch, witzig, fröhlich, sehr sensibel, ausgesprochen erfolgreich in ihrem Beruf als Artdirektorin. Wir gingen einige Male zusammen aus, aber uns beiden fehlte der Mut, eine Affäre zu beginnen.

Es war, glaube ich, der letzte Abend, an dem wir verabredet waren; wir kehrten bei meinem Lieblingsitaliener ein. Am Nebentisch hielt ein Regisseur Hof, mit dem ich damals befreundet war. Ich stellte ihm Anna vor. Später, als sie für einen Moment den Raum verlassen hatte, kam er plötzlich an meinen Tisch und flüsterte: »Lass bloß die Finger von der, die ist total gestört.«

Ich fand das anmaßend, kränkend. Er hatte Anna noch nie zuvor in seinem Leben gesehen.

»Wie kommst du darauf?«, fragte ich. »Was meinst du damit?«

»Es ist mein Beruf, Menschen zu durchschauen«, sagte er.

Wir redeten nicht weiter, Anna kehrte zurück. Ich vergaß diese Sätze, erst heute fallen sie mir wieder ein.

Dass Anna psychisch krank sein könnte, kam mir offenbar nicht in den Sinn. Was mir wohl auffiel und natürlich gefiel, war ihr ungewöhnliches Einfühlungsvermögen: Sie wusste oft sehr genau, was mit mir los war, in diesen Monaten, in denen ich neu war in der Stadt und mich manchmal verloren fühlte, auch wenn ich es nicht aussprach. Ihr Vater war, wie meiner, kein Deutscher, und er hatte wohl sein Leben lang mit diesem Land gehadert. Sie wusste nicht, wohin sie gehörte. Erzählte mir von Plänen, für eine Zeit nach Italien zu ziehen.

Ich hatte damals einen neuen Arbeitgeber. Lange wohnte ich im Hotel. Dann endlich hatte ich eine Wohnung gefunden, zog um und spürte plötzlich dieses Gefühl von Heimatlosigkeit, das ich gut kenne. Sie kannte es auch.

Ich fürchtete mich vor der ersten Nacht in den ungewohnten Räumen. Anna wusste das – und half mir. Wir parkten in einem etwas baufälligen Hof, stapften durch dunkle Straßen, stiegen fünf Stockwerke hinauf in die Wohnung, sahen aus dem Fenster. Berlin lag uns zu Füßen, in der Ferne funkelten die Hochhäuser am Potsdamer Platz. Ein Bild wie aus einem Film. Aber mir war kalt dabei.

Anna sagte: »Die Wohnungen werden dir vertraut, wenn du sie mit deinen eigenen Geschichten füllen kannst. Dann gehören sie dir.«

Wir tranken ein Glas Rotwein, dann ging sie, schloss leise die Tür, und das war meine erste Geschichte mit dieser Wohnung.

Kurz darauf bekam ich eine SMS von ihr, sie schrieb, dass sie schon Tage im Krankenhaus liege, wegen einer Muschelvergiftung. Ich besuchte sie noch am selben Abend, das düstere Krankenhaus in Mitte lag nur einen Steinwurf von ihrer Wohnung entfernt. Anna sah aus wie immer, überhaupt nicht bleich, was die Situation erst recht unheimlich machte. Sie erzählte mir von diesem Lokal, in dem sie sich vergiftet habe, die Geschichte erschien mir merkwürdig, aber ich fragte nicht genauer nach.

Es kann kein Zufall gewesen sein, dass wir uns danach aus den Augen verloren. Auch scheint es mir im Nachhinein unmöglich zu sein, dass ich nie auf den Gedanken kam, Anna könnte depressiv sein. Ich, der in der Familie zwei Psychoanalytikerinnen und eine Psychotherapeutin hatte und der als Kind den Grad der Bedrückung meines Vaters schon an der klassischen Musik zu erkennen glaubte, die er am Sonntagmorgen auflegte; bei Chopin wusste ich, es wird ein besonders schwermütiger Tag.

Von meiner Seite war es gar nicht mal eine bewusste

Entscheidung, sondern mehr ein Ausweichen – jetzt bloß nicht noch mit einem Menschen belasten, der Probleme hat.

Erst nach Jahren begegnete ich Anna wieder. Sie erzählte, was in der zurückliegenden Zeit passiert war: Sie wollte eines Tages eine Auslandsreise antreten, saß schon mit gepacktem Koffer im Taxi, als sie plötzlich ihre eigene Stimme hörte.

Sie sagte nicht: »Zum Flughafen bitte.«

Sie sagte: »Bitte bringen Sie mich in eine psychiatrische Klinik.«

Dort suchte sie mit schwersten Depressionen monatelang Zuflucht, denn es war für sie nicht mehr auszuhalten gewesen. Jahrelang hatte sie hinter einer Maske gelebt, konnte keine Schwäche zugeben, sich auch selbst keine Schwäche eingestehen. Manchmal benötigte sie morgens eine halbe Stunde, um überhaupt aufstehen und in die Dusche gehen zu können. Im Büro schützte sie bisweilen »Außentermine« vor, um sich daheim ins Bett unter die Decke zu verkriechen. Zuletzt lebte sie wie auf einer ständigen Flucht, konnte kaum mehr schlafen, befürchtete ständig, die Maske könnte fallen.

Erst in der Klinik war ihr bewusst geworden, dass sie an einer Krankheit litt, der Aufenthalt war ihre Rettung. Und ausgerechnet dort erlebte sie etwas schier Unglaubliches: die Liebe zu einem anderen Patienten. Sie heirateten auf einer griechischen Insel und zogen nach Brandenburg, aufs Land. Hier lebten sie nun mit zwei Gänsen und zwei entzückenden Hunden, die, darauf wiesen sie den Gast vergnügt hin, leider etwas verhaltensgestört seien. Mit ihrer Krankheit hatten sie zu leben gelernt, sie fühlten sich gut.

Anna war sehr offen und erzählte mir in diesem Gespräch auch, dass sie lange Zeit sehr gehofft habe, dass wir beide irgendwie zusammenkämen.

Wieder verstrichen einige Jahre. In der Woche nach dem Freitod von Robert Enke planten wir in der ZEIT ein Dossier über Depressionen. Ich vermittelte einer Reporterin den Kontakt zu Anna, und sie schrieb ihre Geschichte auf: die Geschichte einer jungen Frau, die lange an Depressionen gelitten hatte. Name, Beruf und genauere Lebensumstände wurden darin verfremdet (sie sind es auch hier).

Und so erfuhr ich etwas von Anna, das sie mir nicht anvertraut hatte.

Sie erzählte die Geschichte, wie sie damals in ein Taxi stieg und in eine psychiatrische Klinik gefahren zu werden wünschte. Doch was sie mir nicht erzählt hatte und nun hier offenbarte: Sie wollte damals ursprünglich nach Venedig fliegen. In ihrer Handtasche hatte sie alles dabei, was sie brauchte, um sich dort umzubringen, in einem Hotelzimmer, in einer Stadt, in der sie niemand kannte, denn sie wollte nicht einen ihrer Angehörigen oder Bekannten mit den näheren Umständen ihres Todes belasten.

Ich rief sie an. Fragte, warum sie sich auch vor mir so verstellt habe.

Sie sagte: Einmal seien wir ausgegangen, und ich habe ihr von einer Frau berichtet, mit der ich in den Monaten zuvor einmal ausgegangen war. Offenbar hatte ich in diesem Gespräch gesagt, dass diese Frau auf mich irgendwie verrückt gewirkt habe, sodass ich mich nie mehr bei ihr gemeldet habe. Sie hatte das als Wink und Zurückweisung verstanden. Diesen einen Spruch hatte sie falsch gedeutet. Aber was mich nach so langer Zeit noch beschämte: Im Prinzip hatte sie mich doch durchschaut.

In der Geschichte für die ZEIT finden sich folgende Gedanken von ihr: Die Gesellschaft habe die Spielräume für den Einzelnen verengt. Das Credo, dass nur der Einzelne für sein Leben verantwortlich sei, werde oft so verstanden, dass er auch die alleinige Schuld an seinem Misserfolg trage.


Ich hatte einen Freund, der war Bauer im Chiemgau, Milchbauer. Einer der schönsten Höfe weit und breit, oft fotografiert von den Wanderern, die vorbeikamen. Ein tatkräftiger, handwerklich äußerst geschickter, seinen Beruf, seine Tiere, seine Familie von Herzen liebender Mann, dabei sehr empfindsam und musikalisch, er sang mit schöner Stimme im Kirchenchor.

Wir verbrachten viel Zeit miteinander, saßen auf der Bank vor seinem Haus in der Abendsonne, tranken Bier, und ich hörte die Geschichten aus der Geschichte des Hofes, vom kleinen, gerade geborenen Stier namens Ernst, der eine seltsame Art hatte, mit dem linken Auge zu zwinkern – und eines Tages traf ein norddeutscher Feriengast auf dem Hof ein, der seit langer Zeit kam und genau die gleiche Art hatte, das gleiche Zwinkern.

    Und wie hieß er, der Gast?
    Genau. Ernst.

Zwei Ferienwochen lang war die ganze Familie bemüht, dem Gast den Namen des Stiers zu verheimlichen, aus Angst, er könnte denken, sie hätten dem Stier seinen Namen gegeben, wegen des Zwinkerns.

Und von Schorschi, dem Hahn, hörte ich, der morgens, kaum wurde die Stalltür geöffnet, hinüber zu den hahnlosen Nachbarshennen wanderte, die ihrer fünfzehn waren, während er daheim selbst nur vier hatte.

Abends kehrte er müde heim.

Ich hörte aber auch von den Sorgen des Milchbauern, der mit seinen wenigen Kühen den großen Molkereien und Lebensmittelkonzernen ausgeliefert ist, nicht mithalten kann mit den Massenviehhaltern anderswo und oft schwankt zwischen der Liebe zu seinem Land und seinen Tieren und dem Stolz darauf einerseits und andererseits dem Kopfschütteln über jene, die dort sonntags spazieren gehen, sich an weidenden Tieren freuen und montags wieder ihre Milch möglichst billig im Supermarkt haben wollen – und diesen Widerspruch nicht einmal wahrnehmen.

Gelegentlich, wenn es nötig war, half ich hier und dort mit auf dem Hof, und nie werde ich den Tag vergessen, an dem sich auf der abschüssigen Wiese eine hochschwangere Kuh ein Bein brach. Sie musste, weil das nicht zu heilen war, auf dieser Wiese getötet werden, mit einem Schuss in den Kopf. Sofort danach holte der Metzger mit einem weiten, präzise öffnenden Schnitt das Kälbchen aus ihrem Leib, und ich musste es halten, das kleine, an den Flanken zitternde Tier, das sonst den Abhang hinuntergerutscht wäre, während das Blut der Mutter in der Erde versickerte und mein Freund mit dem Metzger den Leichnam der Mutter mit einem Traktor wegschleppte.

Die Trauer des Bauern über das tote Tier, mit dem er viele Jahre Tag für Tag zusammen gewesen war im Stall. Seine Freude über das gerettete Kalb.

Eines Tages, das ist viele Jahre her, beschloss der Gemeinderat des Dorfes, in dem der Hof meines Freundes liegt, in einer Nacht-und-Nebel-Aktion die Bebauung einer Wiese unterhalb einer weithin als Naturdenkmal berühmten Kapelle, eines Aussichtspunktes weithin ins Chiemgauer Land. Nahezu alle Nachbarn empfanden das als Skandal und als Verschandelung der herrlichen Landschaft zugunsten sehr durchsichtiger wirtschaftlicher Interessen. Auch mein Freund empörte sich.

Wir, die Städter, redeten ihm zu: Er müsse sich wehren. Er sprach, wie man so redet, von »denen da oben« und dass man nichts machen könne, »als kleiner Bauer«.

Doch eines Tages beschloss er, dagegen vorzugehen, er hielt es anders nicht aus. Er fand Bundesgenossen, gründete eine Bürgerinitiative, redete bei Versammlungen eloquent, wütend, geistreich, witzig gegen die Bebauung. Es gab heftige Debatten, die dörfliche Gemeinschaft zerstritt sich darüber. Gute Freunde wurden zu Gegnern. Es wurde erzählt, der Pfarrer habe meinem Freund vorgeworfen, er spalte seine Gemeinde. Mein Freund sang nicht mehr im Kirchenchor. Er litt sehr unter diesen Auseinandersetzungen, aber er blieb bei seiner Meinung.

Ich hatte noch nie in meinem Leben einen Menschen so detailliert und konkret, so aus der Nähe zwischen zwei Polen unserer Existenz ringen sehen können: Sicherheit und Freiheit. Wer nie auf dem Land gelebt hat, weiß wahrscheinlich nicht, was den Leuten dort die dörfliche Gemeinschaft bedeutet, welche Sicherheit sie ihnen gibt im Leben, in der alltäglichen Hilfe in den Häusern und Höfen. Der sieht vielleicht nicht sehr deutlich, wie wichtig Menschen die Gemeinschaft ist, in der sie leben, die sie abfedert gegen die Unwägbarkeiten des Daseins, die sie freilich auch einschränkt in ihrer Freiheit (denn der Mensch ist nicht nur Individuum, er ist auch ein Tier, das seine Herde braucht).

Und der kann sich auch nicht vorstellen, welche Aggression es darstellt, wenn ein Pfarrer sich gegen ihn stellt und ihm vorwirft, er spalte die Gemeinde.

Auf der anderen Seite stand damals der Stolz eines Mannes, ein freier Bauer zu sein oder was er sich darunter vorstellte, ein Mann, der sein Land und seine Familie gegen Ungerechtigkeit verteidigte.

Es kam zu einem Bürgerbegehren, dann zu einem Volksentscheid in der Gemeinde. Das Baugebiet wurde in der Folge stark reduziert, ja, noch viele Jahre nach dem Entscheid stand dort kein einziges Haus.

Jahre gingen ins Land. Die Eltern meines Freundes, hochbetagt und viele Jahre lang in der Großfamilie mit unter dem Dach des Hauses lebend, starben. Oft hatte mein Freund, wie ich wusste, unter der fehlenden Anerkennung seines Vaters für seine Arbeit als Bauer gelitten. Nun wurde die Situation der Milchbauern Jahr für Jahr schwieriger, der Milchpreis sank und sank. Mein Freund hatte Angst, er werde seine Familie nicht mehr ernähren und den Hof nicht erhalten können, den seine Familie seit Generationen bewirtschaftete. Er sah sich an dem scheitern, was er als seinen Auftrag, seine Aufgabe im Leben empfand.

Solche Angst kann einen Menschen zermürben, wenn

er sie nicht loswird. Sie kann zu einer Maschine werden, die Tag für Tag langsam sein Ich zermahlt und zermalmt. Mein Freund schlief nicht mehr, er zog sich von seinen Freunden zurück. Er musste eines Tages ins Krankenhaus, es gab keine andere Wahl mehr, man musste ihn psychiatrisch behandeln, und er wollte auch behandelt werden.

Er kam in eine Klinik. Wenn ich ihm in diesen Monaten begegnete, sah ich einen anderen Menschen als den, den ich kannte. Ich hatte bisweilen das Gefühl, der fleischgewordenen Angst gegenüberzustehen, einem gleichzeitig auch in überheizten Räumen frierenden und heftig schwitzenden Mann, müde und überwach, verschlossen und sich doch nach Zuspruch sehnend.

Ein Satz aus meinem Notizbuch, sein immer wiederholter Satz: »Ich kann mich doch nirgends mehr sehen lassen. Ich bin doch jetzt der Depp. Ich bin im Irrenhaus. Ich bin am Ende.«

Es ging auf und ab, ein Jahr lang, immer wieder. Eines Sonntags im Advent redete ich mittags lange mit ihm. Aber ich drang, wie so oft, nicht wirklich zu ihm vor, wenn ich gegen seine Ängste die Wirklichkeit stellte: dass er eine wunderbare Familie habe, einen wertvollen Hof besitze, dass es für ihn andere Möglichkeiten gebe, als nur von der Milchproduktion zu leben. Er kehrte immer wieder zu seiner Angst zurück, so wie ein Jo-Jo sich immer wieder zur Hand hinaufdreht.

Drei Stunden später fanden wir ihn auf seinem Heuboden, zu spät.

**4** Als im November 2009 der deutsche Nationaltorwart Robert Enke sich mit ausgebreiteten Armen vor einen Zug gestellt hatte, um zu sterben, als das ganze Land für einige Tage plötzlich in eine ganz unerwartete Trauer versank und als die Frage, warum Menschen Depressionen haben, warum sie darüber oft kein Wort verlieren können und stattdessen einen einsamen Tod auf Bahngleisen, in Garagen und auf Dachböden suchen, als also diese Frage plötzlich in allen Medien behandelt wurde – da gab es plötzlich, nach zwei, drei Tagen, bei mir auch einen Widerwillen gegen dieses Medienereignis.

War das nicht abstoßend, mit welcher Gier sich plötzlich alle Welt auf dieses Leiden eines Mannes stürzte, für den es doch keinen schlimmeren Gedanken gegeben hatte als genau dies: dass alle Welt von seiner Schwäche wüsste? War es nicht ekelhaft, dass ein Sarg im Stadion aufgebahrt wurde, über dem man dann den Slogan »Mehr Siege – Mehr Tore – Mehr Netto« des Stadion-Sponsors lesen durfte? War das nicht nur ein weiteres Beispiel für die unbeschränkte Gier unserer Gesellschaft nach Emotionen und Abwechslungen aller Art, für ihr Schwanken zwischen Gleichgültigkeit und maßlosem Interesse? Wurde nicht noch der Freitod eines zutiefst unglücklichen Mannes in ein geiles Gefühl für alle umgearbeitet?

**5** Mag sein, dass daran etwas Wahres ist. Aber es trifft nicht den Kern der Sache, nicht in diesem Fall.

Denn der Trauermarsch von 35 000 Menschen

durch Hannover nach dem Bekanntwerden von Enkes Tod war von niemandem herbeigeschrieben oder inszeniert worden. Die Medien kamen erst später, sie hängten sich an, beuteten das aus.

Bestürzung und Trauer der Menschen waren echt, ganz und gar.

Wenn es wahr ist, dass in Deutschland vier Millionen Menschen an Depressionen leiden, wenn es (bei hoher Dunkelziffer) 10 000 Suizide pro Jahr gibt, die zum größten Teil auf Depressionen zurückgehen, und wenn ich allein in meinem Bekannten- und Freundeskreis etliche Fälle von Menschen kenne, die teils offen von ihrer Erkrankung reden, teils versteckt hinter den Mauern anderer physischer Erkrankungen mit ihren Depressionen kämpfen, dann muss in unserer Gesellschaft ein schwarzer Vulkan brodeln, ein träges, zähes Magma der Verzweiflung, das hier zum ersten Mal an die Oberfläche trat.

Nein, die Trauer um Robert Enkes Tod war nicht in erster Linie ein Medienereignis. Sie war nicht einmal nur Trauer. Sie war so etwas wie ein emotionaler Volksaufstand, eine Erhebung von Menschen, die eine Gesellschaft satthatten, in der viele (und eben auch Robert Enke, den die Leute, so wie sie ihn zu kennen glaubten, einfach gut fanden) mit Angst, Schwäche, Furcht vor dem Versagen allein sind hinter Fassaden.

Bemerkenswert ist es schon, dass die am meisten verbreitete psychische Krankheit unserer Zeit von dieser Art ist. Sie treibt Menschen so sehr in sich selbst zurück, dass sie am Schluss ganz um sich kreisen, unzugänglich für jede Wahrnehmung der Realität, Planetensysteme ihrer eigenen Ängste, und so abgeschottet von der Außenwelt, dass ihnen der Gedanke nicht mehr möglich ist, welche Folgen ihre Selbsttötung für andere hat.

Mir fällt eine Rede ein, die der amerikanische Schriftsteller David Foster Wallace 2005 vor Absolventen des Kenyon College in Ohio gehalten hat. Wallace zählte und zählt zu den Großen der amerikanischen Literatur. Er erhängte sich im September 2008, also drei Jahre nach dieser Rede, in seiner Garage, 46 Jahre alt, nach Jahrzehnten des Kampfes mit Depressionen.

Diese Rede begann mit einer kleinen Geschichte: »Schwimmen zwei junge Fische daher und treffen auf einen älteren Fisch, der in die andere Richtung schwimmt, ihnen zunickt und jovial fragt: ›Morgen, Jungs. Wie ist das Wasser?‹ Und die beiden jungen Fische schwimmen noch ein bisschen, bis der eine schließlich zum andern 'rübersieht und sagt: ›Was zur Hölle ist Wasser?‹«

Was dann folgte, war ein Plädoyer, wie ich es eindrücklicher noch nie irgendwo gelesen habe, weit entfernt von irgendwelchen moralischen Forderungen oder Ratschlägen: für eine Gesellschaft, deren Individuen sich frei machen von allem Unbewussten, das unsere Tage, unsere Zeit, unser Empfinden bestimmt, für ein Leben in Bewusstheit, in dem jeder um seiner selbst willen entscheidet, was ihm wichtig ist und was nicht.

Denn: Was ist Wasser?

Wasser, sagte Wallace, das sind die Standardeinstellungen, *default settings*, unseres Lebens und unseres

Empfindens. Das ist der Glaube: Ich bin die Mitte der Welt. Alles Geschehen dreht sich um mich und meine Ziele.

Wenn ich müde und abgespannt von der Arbeit nach Hause fahren will, sind mir die anderen im Weg (kein Gedanke daran, auch die anderen könnten müde und abgespannt sein).

Wenn ich dann noch im Supermarkt einkaufen will, nerven mich die nach ihrem Geld kramenden alten Leute, die herumtollenden Kinder, die vor dem Milchregal grübelnden Frauen, die mir alle den Weg versperren (kein Gedanke daran, dass die Alten eben alt sind, die Kinder eben Kinder und die Grüblerinnen jedes Recht auf Grübeln haben).

Wenn ich an der Kasse bezahlen will, kotzt mich das Gesicht der sich nicht freundlich genug verhaltenden Kassiererin an (kein Gedanke, die Frau sei doch auch am Ende eines langen Tages voller unfreundlicher Gesichter, schmutziger Geldscheine und auf dem Förderband platzender Milchtüten).

Kein Gedanke, kein Gedanke – nur: ich, ich, ich.

Standardeinstellungen: Wallace sagte, dies alles sei die Art, wie wir die Welt heute quasi automatisch sehen und erleben, ohne weiter nachzudenken, »die Art Glaube, in die man allmählich hineinschlittert, Tag für Tag, während man immer selektiver wahrnimmt und immer selektivere Wertmaßstäbe ansetzt, ohne dass es einem bewusst wäre. Und die Welt wird einen nicht davon abhalten, mit seiner Standardeinstellung zu operieren, denn die Welt der Männer und des Geldes und der Macht summt mit dem Treibstoff der Angst und Geringschätzung und

Frustration und Begierde und Verehrung des Selbst ganz fein vor sich hin«.

Die Welt hat diese Kräfte eingespannt und für sich genutzt – und es spricht ja nicht wenig dafür, dass wir auf diese Art und Weise auch die Freiheit gewonnen haben, »die Herren unserer eigenen winzigen, schädelgroßen Königreiche zu sein, allein im Zentrum aller Schöpfung«.

Wir leben in einer Zeit der aufs Äußerste ausgereizten Leistungsbereitschaft: So sehr hat jeder Einzelne bereit zu sein, an seine Grenzen zu gehen, dass – jedenfalls für die Führungskräfte unter den Schädelkönigen – ein ganz neuer Berufsstand entstanden ist, der des persönlichen *Coaches*, der den Einzelnen an den Klippen des beruflichen Scheiterns vorbeizulotsen versucht, ihn möglichst diskret betreut, seine Probleme früh erkennt und seine Leistungsfähigkeit optimiert. Es ist so offensichtlich, dass nicht jeder diesen Anforderungen genügen kann, dass man in der Not für die Depression einen neuen Begriff erfunden hat, das *Burn-out*, der wenigstens nicht das Stigma des simplen Verlierertums und Nichtgenügens trägt, sondern sagen soll: Ich habe alles gegeben und noch viel mehr, und jetzt bin ich für einen Augenblick sehr müde.

Aber Wallace stellt die Frage, ob es nicht eine viel kostbarere Freiheit gibt als die des Gewinnens, Erreichens, Herzeigens und des schweigend-reibungslosen Funktionierens, nämlich die Freiheit, sich für etwas anderes als die Standardeinstellungen zu entscheiden, für etwas anderes, als ausschließlich sich selbst als Weltmittelpunkt zu erleben, nämlich für, so Wallace, »Aufmerksamkeit und Bewusstheit und Disziplin und Bemühen und die Fähigkeit, sich anderen Menschen wahrhaftig zuzuwenden und Opfer für sie zu bringen, wieder und wieder, jeden Tag, auf Myriaden von Arten, die trivial, klein und unsexy sind. Das ist wirkliche Freiheit«.

Was mir daran gefällt: Es geht hier nicht um Religion, nicht um moralische Dogmen und keineswegs um von anderen postulierte Werte, denen man zu genügen hat.

Sondern es geht um die Bereicherung des eigenen Selbst, um menschliche Autonomie, in der man sich für etwas anderes entscheiden kann, als nur ein Rädchen im großen Getriebe zu sein, eine Entscheidung (um es sehr pathetisch, aber auch sehr klar zu sagen) für das Leben da draußen, für die Gemeinschaft, in der man lebt und ohne die man nicht leben will und kann, dafür, andere Menschen nicht nur als Konkurrenten, sondern eben als andere Menschen zu sehen. Und für einfache Bewusstheit und, so wieder Wallace, »ein Bewusstsein für das, was so wirklich und wesentlich ist, so unsichtbar, dass wir es uns wieder und wieder ins Gedächtnis rufen müssen:

›Das ist Wasser.‹

›Das ist Wasser‹«.

# Meine Sehnsucht nach Helden
*oder*
Wofür stehst Du?

**1** Die Geschichte spielt ungefähr 1977. Ich war seit etwa zwölf, vielleicht fünfzehn Monaten Soldat, 19 Jahre alt und gerade zum Unteroffizier befördert, als ich mit einem Ritual konfrontiert wurde, von dem ich schon gehört hatte, dessen ganze Dimension mir aber nicht bewusst gewesen war: der sogenannten »Uffz-Aufnahme«, die man zu absolvieren hatte, um Mitglied des Unteroffizierskorps der Kompanie zu werden.

Dieses Ritual bestand darin, im Unteroffizierskeller der Kaserne, der nichts anderes als eine gut ausgebaute Kneipe war, vor allen anderen Unteroffizieren stehend in einem Zug ein Halbliterglas auszutrinken, das mit allerhand Schnäpsen, Bier, gewürfelten Zwiebeln, Pfeffer, Tabasco und einem rohen Ei gefüllt war.

Drei von uns sollten das an diesem Abend tun. Es wird mir ein Leben lang peinlich bleiben, dass ich da überhaupt mitmachte und dieses fürchterliche Gebräu tatsächlich hinuntertrank, ja, dass ich den einen von uns dreien, der das Richtige tat und sich weigerte mitzumachen, auch noch gemeinsam mit anderen seiner mangelnden Trinkfestigkeit wegen verspottete. Das Allerschlimmste jedoch: Ich sah zu, wie der Dritte im Bunde, ein Neuer mit weichen Gesichtszügen und wenig Bartwuchs, der Alkohol im Gegensatz zu mir kaum gewöhnt war, dass der also neben mir an dem Getränk herumwürgte, es schließlich in sein Glas hinein erbrach und darauf, nun schon weinend, das Erbrochene wieder hinunterschluckte – bis er es endlich geschafft hatte und die bestialische Zeremonie zu Ende war.

Dass ich zu feige war, dem armen Kerl an meiner Seite beizuspringen und der Sache wenigstens für ihn ein Ende zu machen, nicht couragiert genug, mich überhaupt dieser Viecherei zu entziehen – ich schäme mich bis heute dafür.

Manchmal bleibt einem von einem Gedicht nur eine Zeile in Erinnerung, weil sie einem etwas bedeutet, das möglicherweise sogar über den Zusammenhang des Gedichtes hinausgeht.

Mir ging es immer so mit Ingeborg Bachmanns Gedicht *Alle Tage*, das sie 1953 veröffentlichte. Damals wurde in Deutschland über die Wiederbewaffnung gestritten, und darum ging es auch in Bachmanns Text, mit dem sie sich als Pazifistin zu erkennen gab und in dem sie bisher gültige Werte sozusagen umwertete: Künftig soll ein Held sein, wer den Kämpfen fernbleibt, es soll einen Orden bekommen, wer vor den Fahnen flieht und wer (und dies ist eben die Zeile, die mir immer im Gedächtnis blieb) »Tapferkeit vor dem Freund« zeigte.

Warum habe ich mir diese Worte so gemerkt?

Weil sich dieses Gedicht nur oberflächlich auf den Streit um eine Bundeswehr bezieht, in Wahrheit aber viel mehr ist: ein Plädoyer für den eigenen Willen, den eigenen Kopf, die eigene Meinung – dafür, nicht das zu tun, was Menschen immer getan haben, also zum Beispiel Tapferkeit vor dem Feind zu zeigen, sondern etwas anderes, das Gegenteil, Tapferkeit vor dem Freund, dem man mit einer eigenen Haltung entgegentreten muss, wenn es notwendig ist.

Was zu den größten Aufgaben jedes Menschen zählt: eine eigene Haltung zu entwickeln. Nicht ohne Bewusstsein im Strom der vielen zu leben.

Aber warum ist das eigentlich eine so große, schwierige Aufgabe?

Das mag seine Gründe in den biologischen Notwendigkeiten des Menschen haben, darin, dass er immer Teil einer Gruppe ist und in seiner Frühzeit nur überleben konnte, wenn er Teil dieser Gruppe blieb. Das Risiko, wenn man Tapferkeit vor dem Feind bewies, war dann manchmal geringer, als wenn man tapfer vor dem Freund war, der einen aus der Gruppe verstoßen – und den Feinden ausgeliefert hätte …

Das ist ja übrigens, was einem am politisch Korrekten bisweilen so widerwärtig ist: dass einer eine moralische Position nicht deshalb vertritt, weil er gute Gründe dafür hätte, sondern weil er Teil einer Gruppe sein möchte, auf deren Beifall er hofft. (Und das ist, was einen mittlerweile auch an der rituellen Ablehnung des politisch Korrekten abstößt: dass es so in Mode gekommen ist, das politisch Korrekte abzulehnen, dass man sich auch hier schon wieder als Gruppentier fühlen kann.) Deshalb ist Tapferkeit vor dem Freund schwer. Wir haben sie sozusagen nicht in den Genen.

Einmal verfolgte ich eine Podiumsdiskussion, an der Bernhard Bueb teilnahm, ein kluger und schätzenswerter Pädagoge, früher Leiter des Internates in Salem und Autor des Bestsellers *Lob der Disziplin,* einer Streitschrift für mehr Autorität in der Erziehung. Bueb schilderte dem Publikum, wie seine Familie, nach langem Bitten und Betteln der Kinder, einen Hund angeschafft hatte. Natürlich mussten sich die Kinder verpflichten, mit diesem Hund regelmäßig Gassi zu gehen. Aber dann ebbte das Interesse der Kinder an dem Hund und besonders an ihren Pflichten, den Hund betreffend, nach wenigen Monaten ab. Das Ergebnis: Buebs Frau führt nun den Hund regelmäßig zu den Bäumen.

Das sei in achtzig Prozent der Familien so, sagte Bueb vollkommen richtig; geteiltes Leid sei halbes Leid. Aber es sei doch, fuhr er fort, »ein Fehler, ein klassischer Fehler« gewesen, den Kindern ihre Pflichten zu erlassen.

Er fügte hinzu: »Diese Schwäche der Erwachsenen, die klage ich an.«

Na ja, anklagen!

Was wäre denn die Konsequenz aus dem ganz normalen Fehlverhalten der Kinder gewesen, die bei Anschaffung eines Hundes aus mangelnder Lebenserfahrung eben nie wissen, was das für sie selbst bedeutet? Den Hund wieder wegzugeben? Grausam, allen Beteiligten gegenüber, auch dem Hund. Die Kinder zwingen, sich um ihn zu kümmern? Das möchte ich sehen! Das Beste wäre wahrscheinlich noch gewesen, gar kein Tier zu kaufen, aus der Einsicht, dass ein Hund immer ein Familien-Hund ist und damit auch ein Eltern-Hund, nie bloß ein Kinder-Hund.

Bueb klagt an, dass Eltern oft schwach sind und inkonsequent – womit er recht hat, weil Kinder konsequente und starke Eltern brauchen. Aber gleichzeitig schwingt in diesem »anklagen« etwas mit, das mich stört: Humorlosigkeit, Strenge, eine gewisse Unerbittlichkeit sich selbst gegenüber. Es ist einfach nicht menschlich, dem Menschen Konsequenz in allen Lebenslagen abzuverlangen. Man muss auch seine Schwächen sehen, verstehen und im Umgang mit diesen Schwächen Vorbild sein.

Die besten Werte werden entwertet, wenn sie mit Humorlosigkeit, Strenge und Unerbittlichkeit durchgesetzt werden sollen.

4  Ohne das Beispiel des Bueb'schen Hundes überstrapazieren zu wollen: Am meisten würden alle Beteiligten über die Werte ihres Lebens lernen, wenn sie reden würden über all das. Also: Warum die Eltern keinen Hund wollten und dann doch einen gekauft haben. Wieso die Kinder einen mochten und dann nicht mehr. Wie es das Leben dann doch wieder irgendwie geregelt hat. Und wie man es beim nächsten Hund besser machen könnte.

So ist es nicht nur in der Familie. So ist es überall.

Übrigens hätte ich die Meinung Ingeborg Bachmanns zur Wiederbewaffnung damals nicht geteilt, weil ich, wie schon erwähnt, kein Pazifist bin. Ich kann nicht einen Wert über alle anderen stellen, den der Friedfertigkeit über den der Freiheit oder der Ablehnung jeder Diktatur.

Ich finde den Frieden ungeheuer wichtig, aber keineswegs durchweg wichtiger als die Freiheit, und wenn wir in diesem Zusammenhang auf unsere Ausgangsfrage, *Wofür stehst Du?*, zurückkommen: Die Antwort liegt nur zum Teil in Begriffen wie Freiheit oder Frieden. Sie liegt vor allem darin, dass wir solche Werte so umfassend und kompliziert sehen wollen, wie sie sind.

Man kann sich nicht für ein Ja oder ein Nein zu einer Abtreibung entscheiden, ohne die konkreten Umstände zu kennen und dann nach einem Entschluss zu suchen. Man kann nicht aus reinem Ekel vor den Vorgängen auf Lampedusa die Einwanderung schrankenlos freigeben wollen, denn auch hier befindet man sich im Konflikt mit anderen Werten: Der innere Frieden eines demokratischen Staates ist eben auch wertvoll.

Wir wollen also nicht Dogmen hinterherlaufen, sondern in einer Art von effizientem Idealismus solche Werte, für die wir stehen, in ihrer Anwendung immer wieder gegeneinander abwägen, neu justieren, diskutieren, verhandeln. Ein Alibi, keinen festen Standpunkt einzunehmen, darf das allerdings nicht sein. Das wäre nichts anderes als Gleichgültigkeit, ja, mehr als das: eine wohlfeile Art, sich der Komplexität des Lebens zu entziehen. Zu dem, was in unserem Leben wichtig ist, gehört aber: die Welt mit ihren vielen Widersprüchen wahrzunehmen und zu ertragen, sich der Vereinfachung zu widersetzen – und sich dennoch für einen Weg zu entscheiden.

**6** Kann man in diesem Buch jede Erfahrung mit Kirche und Religion aussparen? Die Versuchung, genau das zu tun, ist groß, denn für mich ist der Glaube eine besonders private Privatsache. Ich bin davon überzeugt, dass Gesellschaften (und auch Kirchen) sich dann am freiesten entfalten können, wenn keiner mehr den anderen missionieren möchte. Ich habe Angst davor, dass ein religiöses Bekenntnis als aufdringlich empfunden werden könnte oder ich meinen eigenen Schutzpanzer ausgerechnet an der Stelle ablege, an der ein Schlag ganz besonders wehtun würde.

Aber Kirche ist von meinem Leben nicht zu trennen, zu stark ist meine christliche Prägung gewesen. Da ich auch noch katholisch bin, fühle ich mich durch ein Wort von Heinrich Böll, das er einst an seine Kollegin Christa Wolf richtete, besonders gut getroffen: »Wer einmal Katholik war und wer einmal Kommunist war, der wird das nie wieder los.«

Wenigstens habe ich es versucht und schon als Kind gelegentlich rebelliert. Während einer Kommunionstunde in Rimini behauptete ein Priester, dass nur die Katholiken wahre Christen seien, worauf ich – keinesfalls kleinlaut – erwiderte, dass meine halbe Verwandtschaft aus Protestanten bestehe, und das seien auch gute Menschen. Der Einfaltspinsel erklärte, mein Bruder und ich sollten zur Mutter Gottes beten, dass der Teufel nicht von ihnen Besitz ergreife.

In den wildesten Zeiten unserer Pubertät bekannte meine Mutter einmal, sie habe sich immer gewünscht, dass einer ihrer Söhne Geistlicher werde. (Gottlob findet sie heute Journalisten auch ganz gut.) Das führte natürlich zu wütendem Hohngelächter und war das sicherste Mittel, uns genau von diesem Weg fernzuhalten. Aber es hinderte mich keinesfalls daran, gerade in jenen Jahren immer wieder in einem Kloster von Benediktinerinnen Urlaub zu machen, die mich, obwohl ich lange Haare und hochhackige Lederstiefel trug, freundlich und neugierig aufnahmen; mit einer Schwester stehe ich nach Jahrzehnten noch in Verbindung.

Als Krankheit und Tod meine Familie trafen wie Vernichtungswaffen und Trauer und Verzweiflung sich unseres Lebens bemächtigten, da stellten sich selbst bei meiner frommen, zum Katholizismus konvertierten Mama jene quälenden Zweifel ein, die wohl zu jedem erwachsenen Glauben gehören und auch nie mehr aufhören: Wenn es dich gibt, lieber Gott, wie kannst du diesen Schmerz zulassen?

Dazu kam, immer wieder, der Ärger über die Verfehlungen der Amtskirche: Was habe ich mit anderen geschimpft über Papst Wojtyla, der uns dogmatisch erschien wie ein Ajatollah! Was haben wir uns lustig gemacht über die Marotten seiner Amtsführung, das Küssen der Landebahnen zum Beispiel in jenen Ländern, denen er einen Besuch abstattete. Ganz zu schweigen von den zwielichtigen Machenschaften der vatikanischen Bank IOR, die intensive Geschäftsbeziehungen zur Mafia unterhielt und von einem Monsignore geleitet wurde, der in Personalunion ein Gangster und ein Vertrauter des Papstes war. Und damals wussten wir noch gar nichts über den massenhaften Missbrauch kleiner Jungen durch pädophile Kirchenmänner.

Mir ist trotzdem nie in den Sinn gekommen, aus der Kirche auszutreten; schwer verständlich, weil kleinlich, finde ich es, wenn Menschen erklären, sie täten das allein wegen der Kirchensteuer.

Anfang 2005 begann das lange, öffentliche Sterben von Papst Johannes Paul II. Man konnte es kaum mit ansehen, kaum aushalten. Die Haltung immer gebückter, die Hände immer zittriger, die Stimme immer brüchiger. Der Papst, der – wie nur wenige vor ihm – für Vitalität und Sicherheit im Glauben gestanden hatte, wurde zur Verkörperung von Siechtum und Vergänglichkeit. Und er wollte das ganz offensichtlich auch sein – der Gegenentwurf zu einer Gesellschaft, in der jeder immer nur zu funktionieren hat, am besten gesund und gut aussehend. Am Anfang hat es mich noch irritiert, dann beeindruckt. Schließlich, als nach einer letzten kaum noch zu verstehenden Ansprache am Ostersonntag auf dem Petersplatz klar war, dass er innerhalb von Tagen sterben würde, war ich geradezu überwältigt. Ich lag stundenlang auf dem Bett und trauerte, als sei ich dabei, einen meiner liebsten Angehörigen zu verlieren.

Wenige Stunden vor seinem Tod machte ich mich mit meiner späteren Frau auf den Weg zur St.-Hedwigs-Kathedrale in der Nähe des Berliner Gendarmenmarkts. Es war schon spät, und in der Kirche waren viele junge Leute, die nicht so aussahen, als seien sie geübte Besucher von Gottesdiensten. Wir zündeten Kerzen an und verharrten in Andacht. In diesem Moment fühlte ich mich ganz und gar eins mit meiner Kirche. Das Gefühl war: Nicht wir waren ihm, dem Papst, im Sterben nahe, sondern der Papst war sterbend bei uns. Er hatte am Ende vorgelebt, was fast jeder Mensch früher oder später erfährt: dass es nichts Wichtigeres gibt, als in der Stunde des Leids für einen anderen Menschen da zu sein – oder selbst nicht allein zu bleiben.

Nein, es war kein Erweckungserlebnis. Seit einigen Jahren jedoch haben wir zu Hause etwas aufleben lassen, was lange verschüttgegangen war: Vor dem Essen wird still gebetet, auch wenn Gäste da sind. Sehr oft ist das der schönste Moment des Tages.


Vor vielen Jahren, als ich meine ersten Bücher geschrieben hatte, stellte man mir ab und zu eine dieser seltsamen, manchmal aber doch ganz lehrreichen Interviewfragen: »Haben Sie ein Vorbild für das, was Sie machen?«

Natürlich hatte ich nicht nur ein Vorbild, sondern mehrere, aber nicht in dem Sinn, dass ich alles zu machen versuchte wie sie. Sondern so: Ich weiß, dass große Autoren oft eine bestimmte Sache besonders gut können, ganz handwerkliche Dinge meine ich vor allem. Wenige konnten in knappen Sätzen die Stimmung eines Tages oder eine bestimmte Szenerie so gut beschreiben wie Georges Simenon. Kaum einer schaffte es, in einem Text einen Sound so klar anzustimmen und durchzuhalten, wie

Tucholsky. Niemand konnte mit Ironie in all ihren Schattierungen so gut umgehen wie der große Journalist Herbert Riehl-Heyse.

Man kann von jedem etwas zu lernen versuchen.

So ist es mit Vorbildern in allen Bereichen. Bei vielen Menschen gibt es Dinge, die man ihnen abschauen kann, auch im moralischen Sinn. Es sind keineswegs berühmte Fälle, von denen ich rede, sondern im Grunde alltägliche, die ich zum Beispiel in den Jahren meiner Arbeit als Reporter kennengelernt habe.

Da ist jener Pfarrer in Dorndorf bei Jena, den ich bis heute bewundere für den Mut, mit dem er zu DDR-Zeiten gegen die Behörden auftrat: Die ignorierten schwere Umweltschäden durch ein Düngemittelwerk in seinem Dorf und bedrängten ihn, als er das öffentlich anprangerte, erfolglos mit Drohungen, Verhören, der Verhaftung.

Da sind die Menschen, die nach Unfällen manchmal jahrzehntelang im Wachkoma liegen; Tag für Tag kümmern sich ihre Angehörigen um sie, ohne große Hoffnung, im Grunde auch ohne erkennbaren Dank, einfach nur, weil sie es als ihre menschliche Pflicht betrachten. Ich habe das gesehen, als ich einmal einige Tage in einer Klinik in Burgau verbrachte.

Da sind auch die vielen Frauen, die – gerade sind die Kinder aus dem Haus –, anstatt beruflich durchzustarten, die nächste Aufgabe übernehmen, die Pflege der nun bedürftigen Eltern zum Beispiel, eine Arbeit, für die es keinerlei gesellschaftliche Anerkennung gibt. Da sind überhaupt jene Frauen, die bereit sind, Familienarbeit größerenteils zu übernehmen, die immer noch über 80 Prozent der Alleinerziehenden stellen, auf Karrierevorteile verzichten und von Anfang an bestimmte Berufe deshalb ergreifen, weil sie mit der Familienarbeit besser zu verbinden sind als andere.

Ich tue so etwas nicht, ich könnte es nicht – warum? Weil ich zu sehr angewiesen bin auf Anerkennung, darauf, dass ich für das, was ich mache, etwas bekomme, Ruhm, Ehre.

Könnte ich etwas tun ohne Aussicht auf Beifall? Könnte ich tapfer sein, wenn es mich wirklich etwas kosten würde?


Jeder von uns ist ein Vorbild für andere – und sei es für die eigenen Kinder. Es geht gar nicht anders, man ist es einfach, im Guten wie im Schlechten. Also sollte man versuchen, es möglichst oft im Guten zu sein. **8**


Schön und gut: Aber wann ist man ein Vorbild? Was finde ich vorbildlich? Was bedeutet »im Guten«? **9**

Möglicherweise: wenn man handelt, ohne etwas dafür zu bekommen, uneitel, ohne Rücksicht auf sich selbst, auf der Basis des Verzichts?

Vielleicht aber auch (wenigstens das): wenn man erkennt, bestimmten Ansprüchen nicht genügen zu können, wenn man das zugibt, offen seine eigenen Fehler sieht, sich Kritik stellen kann, wenn man also fähig und willens zum Gespräch ist, kommunikationsbereit – was doch nichts anderes bedeutet, als die eigene Fehlerhaftigkeit zu erkennen und zu verantworten. Wenn man weiß, dass jeder das Recht hat, Fehler zu machen, aber auch die Pflicht, aus ihnen zu lernen?

Vorbild ist, wer auch tapfer ist vor sich selbst.

**10** Wenig ist ja so enttäuschend im Leben, wie von einem Menschen, den man für ein Vorbild hielt, zu erfahren, wie schwach er in anderen, unbekannten Teilen seines Wesens war. Wie verheerend war es für viele zu sehen, welch klägliche Figur der große Pädagoge Hartmut von Hentig machte, als die Scheußlichkeiten bekannt wurden, für die sein Lebenspartner Gerold Becker als Leiter der Odenwaldschule verantwortlich war! Kein ehrliches Wort des Bedauerns für die Opfer kam ihm über die Lippen. In dieser Lebenssituation hatte ihm offenbar keiner der von ihm selbst propagierten Werte geholfen. Nichts ist plötzlich falsch von dem, was er in seinen Büchern geschrieben hat. Entwertet ist es trotzdem, weil es von jemandem geschrieben wurde, dessen persönliche Glaubwürdigkeit binnen kürzester Frist plötzlich gegen null ging. Der immer das große Wort führte und plötzlich, als es um ihn selbst und seine Fehler ging, nicht einmal das kleinste mehr fand.

**11** Und wenn wir uns noch so sehr nach Menschen sehnen, die etwas vollbringen, wozu man selbst nicht die Begabung, die Kraft, die Ausdauer oder die Leidensfähigkeit hätte – machen wir sie bloß nicht zu Helden!

Roberto Saviano, der junge Schriftsteller aus der

süditalienischen Kleinstadt Casal di Principe, wehrt sich ganz besonders gegen dieses Etikett: »Ein Held darf keinen Fehler machen«, sagt er, »aber ich mache Fehler. Und ich habe auch das Recht dazu.« Helden sind Gefangene unserer Projektionen, dazu verurteilt, immer hilfreich, edel und gut zu sein.

Dabei bin ich ganz besonders versucht, Roberto Saviano Heldenverehrung entgegenzubringen. Er wirkt sehr ernst, ein zurückhaltender junger Mann mit Stoppelhaaren, Bart und schüchternem Lächeln. Franziskanerpatres sehen manchmal so aus. Was er auf sich genommen hat, erscheint mir übermenschlich, schon seines Alters wegen: Während ich diese Zeilen schreibe, ist er gerade einmal 30 Jahre alt.

Ich musste zuletzt auch deshalb an ihn denken, weil mir ein Beispiel aus meinem Arbeitsalltag vor Augen geführt hat, wie schnell wir selbst es mit der Angst zu tun bekommen: Meine Redaktion will ein Dossier über die merkwürdigen geschäftlichen Beziehungen eines deutschen Rappers recherchieren. Schon mehrere Reporter haben nach ersten Gesprächen im Umfeld des Sängers, aber auch mit Ermittlern bei der Polizei und in der Justiz den Auftrag wieder zurückgegeben, aus nachvollziehbarem Grund – der Clan, der den Rapper angeblich beschützt, könnte selbst für Journalisten gefährlich werden. Das geschieht in der Hauptstadt eines Landes wie Deutschland, das als eines der sichersten in der Welt gilt. Roberto Saviano wäre wahrscheinlich sehr erleichtert, wenn er nur mit dem Milieu eines deutschen Popstars zu kämpfen hätte. Die Prüfung, die ihm auferlegt wurde, kann ihn das Leben kosten.

Es begann damit, dass er im Jahr 2006 ein Buch über die kampanische Spielart der Mafia veröffentlichte, die Camorra. Dass es sich millionenfach verkaufen würde, hat ihn selbst am meisten überrascht, er hoffte auf ein paar Tausend Exemplare. Es gibt ja Hunderte von Büchern über alle Varianten des organisierten Verbrechens, Dokumentationen und Romane über Opfer und Täter. Es gibt kaum etwas, das von irgendjemandem noch entdeckt werden könnte. Saviano war ein unbekannter freier Autor aus der kampanischen Provinz, niemand unterstützte ihn, Kontakte zu großen Verlagen hatte er nicht. Als ich ihn kennenlernte, hatte er *Gomorrha* längst veröffentlicht. Er erzählte mir, dass er sich noch kurz vor Erscheinen des Buches meine Telefonnummer von einer gemeinsamen Bekannten besorgt und versucht hatte, mich vom Bahnsteig in München aus anzurufen. Er wollte mich fragen, ob es in Deutschland irgendeinen Verlag gebe, der sich für sein Thema interessieren könnte. Inzwischen hat allein die deutsche Ausgabe mehr als 700 000 Käufer gefunden.

Was ist anders an Savianos Mafiabuch? Es ist ganz sicher die sprachliche Virtuosität und der Reichtum seiner Bilder. Aber es ist noch mehr der persönliche Zugang, den er zur Beschreibung der Verbrechen gefunden hat. Er ist in einer Hochburg der Camorra aufgewachsen: Jeder in Casal di Principe, auch sein Vater, ein angesehener Arzt, hat unter ihren Machenschaften gelitten und sie gleichzeitig unter dem Mantel der *omertà*, des Schweigens, versteckt. Saviano nannte in seinem Buch nun plötzlich Taten, Daten und Namen, und das in einer Ballung, wie sie der Öffentlichkeit noch nie vorgelegt worden war. Vor allem aber tat er dies nicht mit der Distanz eines Reporters, der von außerhalb ins Mafialand eingeflogen wird, sondern als jemand, der die Camorra selbst erlebt hat – nicht nur ihre repressive, sondern auch ihre, ja, anziehende Seite. Mafia, das hat Saviano seinem verdutzten Publikum gerade außerhalb Italiens immer wieder zu erklären versucht, ist auch eine Subkultur, die junge Leute wie ihn von einem Gefühl der Ohnmacht befreien kann.

Es war nicht das Buch, das ihn in Lebensgefahr brachte, es war der Erfolg des Buches. Das fanden Polizei und andere Ermittler schnell heraus, als sie Telefongespräche abhörten und Kassiber der Camorristi auswerteten. Der Staat bot ihm Schutz an, und Saviano lieferte sich einem Sicherheitssystem aus, das ihn sehr viel schlechter leben lässt als die meisten Verbrecher, die in *Gomorrha* beschrieben werden – und die bis heute nicht gefasst worden sind.

Wenn er unterwegs ist, sind mindestens zwei gepanzerte Fahrzeuge im Einsatz. Die Polizisten, die ihn bewachen, ziehen ihre Waffen, sobald sie das Auto verlassen. Für Saviano ist dieses Leben die Hölle. Er hat in einer kargen Hochhauswohnung gelebt, in der zuvor angeblich reuige Mafiosi, mutmaßliche Killer, im Rahmen des Zeugenschutzprogrammes untergebracht worden waren. Nachdem er dort eingezogen war, würdigten ihn die Nachbarn lange Zeit keines Blickes, weil sie ihn ebenfalls für einen Verbrecher hielten. Erst als Saviano häufiger im Fernsehen gezeigt wurde, begannen sie, ihn zu grüßen.

Am häufigsten aber wird er in Kasernen der Carabinieri untergebracht – ein trostloses Versteckspiel. In Neapel teilt er sich ein Zimmer mit einem Carabiniere, der immerhin noch ein Original ist, der wohl einzige Polizist Süditaliens, der sich als Kommunist bekennt: Stolz trägt er Che Guevara als Tattoo auf seiner Brust. Meist sind Savianos Zimmergenossen oder Gesprächspartner jedoch Carabinieri, die noch jünger sind als er, nie ein Buch gelesen haben und oft nicht einmal wissen, mit wem sie es zu tun haben. Weil Personenschützer in Italien neuerdings nur noch geringe Feiertagszuschüsse erhalten, versucht Saviano seine Leibwächter am Wochenende zu schonen; er bleibt dann den ganzen Tag über in der Kaserne.

Was bedeutet so ein Leben? Man muss nur einmal darüber nachdenken, dass ein junger Mann wie Saviano natürlich gerne eine Partnerin hätte, sich in eine Frau verlieben möchte. Doch für diesen Mann ist es nahezu unmöglich, mit einer Frau zusammenzuleben.

»Ich möchte eine Familie gründen«, sagt Roberto Saviano, »das ist der höchste Wert in meinem Leben, auch wenn manche Schriftstellerkollegen das für spießig halten. Aber finde mal jemanden, der bereit ist, mit dir ein Leben unter ständiger Todesdrohung zu teilen.«

Schwer zu sagen, ob Roberto Saviano über all diese Erfahrungen besonders schnell gereift ist oder ob er schon immer ein besonders besonnener und auch strategisch denkender Mensch gewesen ist. Es fällt aber auf, wie klar er seine eigene Lage analysiert. Er weiß, dass etwas anderes ihn womöglich besser schützt als seine Bodyguards, von deren Kollegen sich die Mafia bei den Anschlägen auf Giovanni Falcone und Paolo Borsellino kein bisschen beeindrucken ließ: Sie sprengte diese Männer einfach mit in die Luft. Saviano ist inzwischen zu einer Ikone im Kampf gegen die Mafia geworden. Ein Mordanschlag auf ihn würde weltweit Aufsehen erregen und vermutlich eine geballte Offensive gegen die Camorra auslösen. Dieses Risiko, auch das geht aus abgehörten Telefongesprächen hervor, meiden die Camorra-Clans – jedenfalls noch. »Es wird Situationen geben, in denen ich angreifbarer sein werde, weil man mich weniger beachtet«, sagte Saviano schon vor Jahren. Die Öffentlichkeit ist also vorerst seine Lebensversicherung. Aber die Camorristi und ihre Handlanger in Politik und Medien wissen, wie man an der Ikone kratzen kann.

Schon bald nach Erscheinen von *Gomorrha* prangten in Casal di Principe an einigen Mauern Schmähungen gegen Saviano, die wie ein Bazillus übergriffen, zunächst auf die Gespräche der Leute, dann auf manche Journalisten und ihre Artikel: Er sei ein Mann, der sich auf Kosten der Menschen in seiner Heimat aufspiele und damit reich werde. *Protagonismo* heißt das giftige Wort. Es sind nicht nur die Jünger der Mafia, die Todesdrohungen an die Mauern schmieren, nicht nur die Extremisten, die im Internet ihren Hass gegen den Autor zum Ausdruck bringen und sich nicht scheuen, ihren vollen Namen zu nennen. Der Musiker Daniele Sepe hat es mit einem Rap gegen Saviano in die Charts geschafft. (Es gibt tatsächlich ein Internetforum mit der Überschrift: »Für die, die der Camorra helfen wollen, Saviano umzubringen«.) Saviano stößt auch bei Italienern auf Ablehnung, die nicht solch elende Kanaillen sind, aber besser mit der Täuschung zu leben glauben, dass der Kampf gegen die Kriminalität bloß eine Handvoll Polizisten und ein paar Richter betreffe, die allein damit fertigwerden müssten. Der neapolitanische Fußballspieler Marco Borriello, bei Berlusconis AC Mailand unter Vertrag, warf Saviano Nestbeschmutzung vor.

In dieser Situation wäre jede Schwäche, die Saviano zeigen würde, gerechtfertigt. Man würde verstehen, wenn er einfach alles hinschmisse und erklärte, dass er seinen Beitrag im Kampf gegen die Mafia geleistet hat, dass er fortan nur noch historische Biografien schreiben oder mit kampanischer Büffelmozzarella handeln wolle. Man würde verstehen, wenn er Italien verließe und unter falschem Namen ein neues Leben begänne. Er hat es sich mehrmals überlegt, aber er ist geblieben.

Er prangert weiter die Verschleppung von Ermittlungen gegen die Camorra an. Er zeigt die Verstrickungen mit der Politik auf. Er klagt die Ermordung unschuldiger afrikanischer Tagelöhner durch Mafiakiller an. Was ihm dabei besondere Autorität verleiht, ist die Tatsache, dass er es bislang abgelehnt hat, sich auf die Seite einer politischen Partei zu schlagen – auch nicht auf die Seite jener, die ihn gern als Abgeordneten ins Parlament geschickt hätten. »Das kann ich nicht«, sagt er, »schon allein deswegen nicht, weil zwar die Rechte und Berlusconi die größeren Sympathien bei der sizilianischen Mafia haben, es aber in Kampanien oft die linken Stadtverwaltungen sind, die von der Camorra durchdrungen werden.« Diese Haltung hat seine Gefährdung noch einmal erhöht.

Im April 2010 griff kein Geringerer als Ministerpräsident Silvio Berlusconi Saviano frontal an: Obwohl die Mafia längst nicht die größte kriminelle Organisation sei, sei sie weltweit die bekannteste, und zwar »dank der Werbung, die sie durch Fernsehserien und Bücher wie *Gomorrha* erfährt«. Das werfe ein schlechtes Bild auf Italien. Saviano hat Berlusconi postwendend in einem offenen Brief in der Zeitung *la Repubblica* Paroli geboten, aber die Wirkung hätte verheerender nicht sein können: »Was sollen die Polizisten jetzt denken, die mich beschützen sollen?«, fragt er (und es ist keine Klage in diesem Satz zu hören). »Und was die Leute, die mich bedrohen?« Was er nicht sagt, ist: Berlusconis Worte könnten wie das Signal wirken, dass Savianos Sicherheit dem italienischen Staat nicht mehr so wichtig ist.

Nun also muss Saviano der Camorra *und* dem Regierungschef in Italien trotzen. Aber er macht weiter, und man fragt sich, woher er diesen Heldenmut nimmt, eine Frage, die ihn sofort in Abwehrhaltung bringt: »Die Beschreibung als Held ist für mich etwas ganz Furchtbares, eine zusätzliche Verurteilung«, sagt er.

Aber was hat ihm die Kraft gegeben standzuhalten, warum hat er nicht gezögert, als sich für ihn die Frage stellte: Wofür stehst du?

Saviano sagt, er sei in diese Situation geraten, weil

er aus Mangel an Erfahrung unfähig gewesen sei, sich vorzustellen, was auf ihn zukommen würde. Jetzt, da er es könne, wolle er nicht jene im Stich lassen, die so leben müssten wie er: einige Richter und Staatsanwälte, ein paar Ermittler, vor allem die Kronzeugen aufseiten der Opfer. Sie seien auch für ihn ganz besondere Menschen: keine Helden, aber oft Vorbilder, weil sie manche Lebenssituationen schon durchgestanden hätten, die er nun selbst kennenlerne. »Insofern«, sagt er, »sind sie beispielhaft für mich. Aber eben nur auf einem Gebiet – und das auch nur für eine bestimmte Zeit.«

So angespannt ist die Lage, dass Roberto Saviano, der schon lange darauf verzichtet, Urlaub in Italien zu machen, nicht einmal mehr in die Stadt fährt, um ein Eis zu essen. Als er das zuletzt tat, fand es sogleich Erwähnung in einer Zeitung, die zufällig der Familie Berlusconi gehört. Es stand nicht explizit im Text, aber der Unterton war klar: Da prangert einer effektvoll die angeblich großen Missstände in Italien an – und lässt es sich selbst gut gehen. Wohlgemerkt: Roberto Saviano hatte sich an einem schönen Frühlingstag ein Eis genehmigt.

Als halber Italiener, der ich nun einmal bin, schäme ich mich dafür, dass es in Westeuropa ein Land gibt, in dem ein Schriftsteller im 21. Jahrhundert um sein Leben bangen muss, weil er mit seiner Feder auf Verbrecher zielt. Wie kann es sein, dass in einer Region Kerneuropas Kriminelle stärker sind als der Staat, der sie verfolgen müsste? Ich appelliere auch an die Deutschen, dass sie durch ihr Interesse und ihre Anteilnahme helfen mögen, einen Schutzring um ihn zu bilden.

Denn wir können vielleicht auf Helden verzichten, aber nicht auf Vorbilder wie Roberto Saviano.

*Bei der Arbeit an diesem Buch haben uns einige Menschen sehr geholfen, denen wir an dieser Stelle danken möchten, nämlich Maxim Biller, Frank Drieschner, Benedikt Erenz, Alexander Fest, Antje Kunstmann, Helge Malchow, Georg Mascolo, Ursula Mauder, Dieter Reithmeier, Susanne Schneider, Sabrina Staubitz, Sybille Terrahe, Chaia Trezib, Bernd Ulrich, Anne Weyerer, Dominik Wichmann und Marcus Wyrwol. Und vor allem Jan Patjens.*

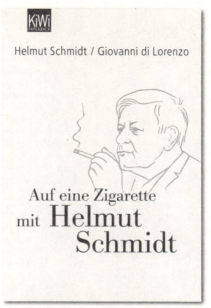

Helmut Schmidt / Giovanni di Lorenzo. Auf eine Zigarette mit Helmut Schmidt. KiWi 1158. Verfügbar auch als eBook

Politik, Privates und erlebte Geschichte – die schönsten »Zeit«-Gespräche mit dem berühmtesten Raucher der Republik. Diese Ausgabe enthält fünf bisher in Buchform unveröffentlichte Gespräche, u. a. zu den Feierlichkeiten rund um Helmut Schmidts 90. Geburtstag.

»Diese kleinen, wunderbaren, eitlen, subversiven, überraschenden, oft politisch und zeithistorisch bemerkenswerten und sehr unterhaltsamen Interviews gibt es jetzt dankenswerterweise als Buch.« *Süddeutsche Zeitung*

www.kiwi-verlag.de